女の人間関係はめんどうなのよ

［人付き合いの処方箋］

DJあおい

THE RELATIONSHIP BETWEEN WOMEN IS A DRAG.

A prescription for relationships

はじめに

人付き合いなくして生きてはいけない

人付き合いが辛い、疲れる、という話をよく聞きます。しかし、人付き合いというのはそもそも疲れるものなのです。疲れないように人付き合いをしたいなんて図々しいにもほどがあります。なにせ、生活をしていく上で一番疲れることが人付き合いなんですから。その労力があってこそ、今の自分の生活があるのです。

つまり、その「人付き合いの労力」がないと生活が成り立たないということ。それほど大切なものなのです。だから、感謝と敬意を持って相手に労力を捧げているんです。中には大して人付き合いで苦労したことがない、という人もいるでしょう。それは単純に環境に甘ったれているだけなので、「人付き合いの労力」の重要さに気がついていないだけです。

周りの目なんか気にせず、自分は自分の好きなように生きればいい、と言われることもありますが、ハッキリ言って、これは嘘。気を使わないで人間関係を形成しようなんて、図々しい願望でしかないんですよ。そんなのはただの自暴自棄な生き方でしかないんですから。

それでも、「自分はひとりで生きている、やっていけている！」という人もいるかもしれません。「自立」という言葉があります。助けも支配も受けず、自分の力で物事をやっていくこと、と辞書には書いてあります。自分ひとりの足で立って生活していくことだと多くの人が思っているかもしれませんが、実際は違います。人は自分ひとりでなんて生きていけません。周りに支えられて立っているんです。自分を支えてくれている人たちに感謝と敬意を持って生きていくこと。それが「自立」です。

気を使わなくていい人もいるし、自分の周りにいるのはそんな人ばかりだという人もいるかもしれません。勘違いしてはいけません。気を使わなくていい人なんてどうでもいい人でしかないんです。気を使わない人間関係を望めば、周りにはどうでもいい人しかいなくなってしまいます。それでもいいというのなら、どうぞ、気を使わずに生きてみてください。そこで、人間関係がいかに大切なことなのかも痛感してくればいいと思います。

幸運や奇跡が起こると、神様に思わず感謝してしまう人もいるでしょう。でも、実際にはミラクルを運んできてくれるのは神様ではありません。人付き合いを大切にしている人ほど運に恵まれているんです。全て人付き合いが運んできてくれるもの。人は気を使い合ってつながっているものなんです。

人付き合いがしんどい、疲れすぎない人付き合いをしたい、なんて言っているうちはひとつだってミラクルは起こらないし、本当の自立は遠いものになってしまいます。

とは言え、闇雲に気を使えばいいっていうわけでもないんです。

せっかくなら、正しい気の使い方を身につけたいもの。

まずは、自分の性格と向き合ってみましょう。自分のことを一番知らないのは自分だったりするんですよ。

それから、周りの人との付き合い方をこの本で知ってください。

女の子同士は面倒なこともたくさんあるけれど、嫌なことばかりじゃないって知っているはず。

自分の負担にならない気の使い方をできるようになって、楽しく生活しようぜ!!

CONTENTS

第2章

周りの人に振り回されない［いろいろな人との付き合い方］

第3章 こう考えれば苦しくない［気持ちのトリセツ］

第4章

どうせ人は人の中で生きていくんです［付き合う人の選び方］

おわりに

デザイン◆SAVA DESIGN
イラスト◆チヤキ
編集協力◆ふくだりょうこ

本書はブログ「DJあおいのお手をはいしゃく」
に加筆・修正を加え書籍化したものです。

第1章

誰かといい関係を作るには

［自分自身の扱い方］

01

人間関係において、信用されたかったらまずは信用するべし
信用は先行投資。

誰かが悪口を言っているのを聞くと疑心暗鬼になるものです。

「この人は自分の悪口も言っているかもしれない」

「あまり自分のことを好きではないのかもしれない」

そんなことを思い、悪口を言っている目の前の人のことを信用できなくなってしまう。それは確かに間違いではありません。でも、「もう誰も信じられない……」となるのは間違いです。

まず、誰かが悪口を言っていたのを聞いてイヤな気分になったとしたら、自分は同じことをしなければいいのです。もう「人の悪口を言えば信用を失う」というのは分かっているはず。違う誰かの悪口を言わないように自戒していきましょう。

そもそも、悪口を言える関係というのは気を使わなくていい関係なんですよね。距

離が近すぎるんです。離れることで、人は相手を気遣えるようになります。一度離れてみて、**自分と相手とは違う人間で、この人にはこの人の意見があるんだな、と尊重できる、認め合える程度の距離感を保つようにしてみましょう。**そのほうが楽に人と付き合えるようになります。

人間関係において、信用は先行投資です。信用されたかったら、まずは信用することが大事です。

よく、「信用・信頼できる人ってどんな人なんでしょう？」と尋ねる人がいますが、これは受動的な人に多い悪い癖です。信頼関係を築くに当たって、自分が信用するよりも先に相手に信用してもらいたい、という欲求を持つことで湧き上がってくる疑問なんです。

「信用する」は能動的。「信用してもらう」は受動的。受け身な姿勢でいると、何を信じていいのか分からなくなってしまうんです。

信じるか信じないか決めるのは、他人をジャッジしているようであまり気分がいいものではありません。自分は誰かをジャッジできるほど偉い人なのですか？**相手が**

信用できる人なのか見定めるよりも先に、相手にとって自分は信用に値する人間なのかを考えるようにしましょう。信用できる人ばかりを欲しがらず、まずは自分が信用される人になってください。そのほうが人間関係も広がっていきます。それに人は信頼している人のことを裏切ることはなかなかできません。

「もしかしたら、悪口を言われているかも……」

信頼される人になれば、そんな不安も消えていくはずです。

悪口は言わない
嘘はつかない
秘密は漏らさない

信頼ってやつは「言わないこと」で形成されるもの。
女なら上のオクチも下のオクチもキュッ！　と締めとけよ。
どっちもユルユルじゃ信用されないぜ。

02

ネガティブな人ほど完璧主義

ポジティブな人って、自分の失敗も他人の失敗も許せる人なんですね。自分の足りないところをちゃんと受け入れることができる。その足りない部分も無理して埋めているわけではなくて、自分の長所で埋め合わせているんです。苦手なものがあっても、どこか突き抜けて得意なものがあります。それでバランスをとっているし、苦手なものがあっても別に気にしません。

一方、ネガティブな人って完璧主義なんです。どんなに恵まれていても、いつも自分の欠けているところしか目につきません。そして、自分が持っていないものを持っている人のことを比較対象にしてしまう。で、勝手に落ち込む。完璧ではない自分が許せず、欠けているものがひとつでもあれば自分の全てが嫌いになってしまうんです。

ポジティブな人と違って、ネガティブな人は全部できなきゃ気が済まない。なんでも、平均的にできるようにならなきゃとがんばって、でもうまくいかなくて、どんどん自分を追い込んでしまいます。

苦手なところというのは、自分の努力が反映されづらいところなんですね。その努力を自分の得意なところに持っていけば、今まで以上に伸びると思うんですけど、それがネガティブな人にはできません。もったいないことをしていると思いませんか？

また、ネガティブな人は人に迷惑をかけることを嫌う傾向があります。**迷惑をかけるのが嫌いな人＝人に感謝するのが嫌いな人**でもあります。「ほう・れん・そう（報告・連絡・相談）」というのがありますが、この中で一番怠りがちなのが相談です。相談することを「迷惑」と捉えてしまう人にありがちなことです。つまり、ネガティブな人。迷惑をかけたくなくて、ひとりで悩むことを選択してしまう。悩みすぎて迷走してどうにか答えを導き出したものの、それはまとはずれな答えでただの暴走になってしまい、結果、周りに迷惑をかけて自己嫌悪に陥る。

それも完璧主義というプライドがあるせいなんです。その余計なプライドを捨ててしまえば、自分の持ってないものを持ってる人に対して、嫉妬をすることもなくなりますし、迷惑をかけることもいとわなくなります。迷惑のかけ合いは感謝のし合い。迷惑があるから感謝があるんです。それに、**相談を迷惑と感じるのは相談するほうだけ**です。**相談される側は結構嬉しいものだったりする**んですよ。

感謝と敬意は人を繋げるために最も大事なもの。自分にないものを認めてあげましょう。完璧ではない自分を許してあげましょう。それでまた少し成長できるはずです。

めんどくさい人の特徴は、

完璧主義でネガティブで
傷つきやすくて幸薄く
不幸には敏感で
幸せには鈍感で
人の悪意はすぐ信じるくせに
人の好意はすぐ疑う

幸薄い体質なくせに無駄に自己評価が高くて
「本当の自分はこんなんじゃない」と常に思い込んでいる。

今の自分は過去の行動が作ってきた結果の自分。
今の行動は明日の自分を形成するための行動。
行動をしなければ行動をしないなりの自分しか出来上がりません。

03

傷ついているわけではなく傷つくのが怖いだけのネガティブ

自分には何もないと言う人がいますが、それは自分が何もしないからです。自分というものを測るものは「どれだけ悩んだか」ではなく、「どれだけ行動したのか」です。行動しか、自分というものを測る術はありません。

傷つくのが怖いから自分に期待しない。
フラレるのが怖いから告白しない。
叶わないのが怖いから夢は持たない。
いつかなくなるのが怖いから幸せは望まない。

ネガティブな人ほど考えるだけ考えて行動しないことを選択します。傷つくことのないネガティブという安全圏から出てこないかぎり、自信がない、という悩みから脱することができないでしょう。

ネガティブな人は何も傷ついていません。傷つくのが怖くてずっとひきこもっているんですから。**実際傷ついているのは、ポジティブな人ですし、本当に救いの手が必要なのもポジティブな人**です。彼らは実際に行動を起こし、その結果、壁にぶつかったり、傷ついたりしているのですから。ネガティブは傷つく覚悟もないくせに自信が欲しいなんて図々しいにもほどがあります。

まずは傷つくことができる舞台に立ってください。

悩むより、苦労をしてください。

悩みは報われませんが、苦労は必ず報われます。

行動を起こして、成功しない場合だってあります。でも、行動せずに後悔だけするようなことはなくなるでしょう。

ひ・と・み・し・り

他人から嫌われることを極度に怖がってる人ほど人見知りでね
その反動でこの人は自分のことを許してくれる人だなっていう人に
他人から嫌われるかもしれない自分を大解放して
ワガママになったり毒を吐いたりしちゃうわけよ
大事な人ほど大事にしないタイプが人見知り

人見知りの悪い癖
自分がどう思われているのかばかり気にして相手のことを見ていない
肝心なのはあなたがその人をどう思ったのか
人見知りな人って
違う誰かを名前で呼ぶことも躊躇っちゃうんだな
名前で呼ぶだけでぐっと距離が縮むのにな

人見知りな人って赤ちゃんにも人見知りするんだな
結局人と対峙したときの自分自身に戸惑ってるのか

優しくされるとすぐ好きになる人見知り
こっちを向いてほしいくせに目が合うと目を逸らす人見知り
想いの分だけ何もできなくなる人見知り
そんなことしてる間にノリのいい女に持っていかれる人見知り
誰にも知られず恋をして誰にも知られず恋が終わる人見知り

でも人見知りな人って外じゃおとなしいけど
数少ない気心の知れた仲間同士の中だとスッゴい毒舌な人が多い
毒舌で本当の自分を隠してるっぽい
結局本当の自分を知られてしまうのが仲間同士でも怖いっぽい

人見知りな人ほど
外ではいい子
家ではワガママ
数少ない仲間内では毒舌パーティー

04

人見知りな人に足りないもの

人見知りの典型的な症状。
・外ではおとなしい子
・身内の中では悪い子

人見知りに多いのは、まず目の前にいる人の悪いところばかりを見てしまうこと。だから、マトモなコミュニケーションをとろうとしても、その人からマイナスな情報しかインプットしていないので、アウトプットできるものがなくなってしまうんです。つまり悪口しかないってこと。

実はいじわるな人って初対面の人に弱かったりするんですね。相手のことを知らないから、いじめることもできない。内弁慶な人が多いんです。つまり、人見知り。毒舌な人もそうです。

人見知り気質の根底にあるものは「人の不幸が自分の幸せ」。ある人のことを残念な人に仕立て上げて、自分自身の存在意義に安心感を得たいという欲求が強くて、その欲求のせいで、人の悪いところばかりをキャッチしてしまうわけです。

で、気が許せる相手の前ではどうなるかというと、毒舌パーティーです。仲良くなるとズバズバ言っちゃいます。

そんな人見知りを直すにはどうしたらいいのか。方法は簡単です。

ただ幸せになってしまえばいいこと。

自分にあるものを感謝して、自分にはないものに幸せを求めないこと。不幸な人というのは人の話に聞く耳を持ちません。幸せになれば、自然と聞く耳は備わります。相手の素直な言葉が入ってくるようになれば、相手の悪いところばかりを見つけようとしなくなります。

人の話を聞くのはコミュニケーションの基本です。まずは、趣味とか、好きなものに没頭して、個人レベルで幸せになってしまいましょう。

ちなみに、「人見知り」の反対は「社交的」ではなく「無礼者」です。人見知りな人は相手に不快な思いをさせないために黙るしか選択肢がありません。だから、相手の悪いところばかりが目についたとしても、口にせず黙っているわけです。

「社交的な人」は相手に不快な思いをさせないために礼儀を持って接しています。

人見知りは気遣いの心を持っているので、あとは礼儀を身につけるだけ。決して無礼な人ではありません。その礼儀をどう表せばいいのか分からないだけです。その術を身につければ無敵になれるはずです。

05

人見知りは気遣いの才能

人見知りだと、初対面の人とうまく話せないのが悩みだという話をよく聞きます。

でも、人見知りな人って相手も同じぐらい人見知りだと意外と普通にコミュニケーションがとれたりするんですよね。それは自分が持っている距離感と相手が持っている距離感が一致しているからなんです。こっちは距離を保とうとしているのに、ズカズカと近づいてくる人、いるじゃないですか。そういう人は無理ですね。

だから、相手が自分よりも人見知りな場合はその人の距離感に合わせてあげるのが大事です。そうすることで、コミュニケーションをとることもできます。まずは対等に話ができることが大切ですから。そこから徐々に距離感を縮めていったりと、わりと器用に距離感を調整することができたりするんですよ。

なので、人見知りがうまくできないのは一気に距離感を詰めることだけだったりするのですが、ノリが軽い人というのは人見知りとは逆で自分の距離感でしかコミュニケーションをとれない人が多いんですよ。相手に合わせて距離感をチューニングする機能がついていないんです。

自分の距離感を一切譲らずに軽いノリだけでコミュニケーションをゴリ押ししてくるんですよ。それだと、自分はいくら楽しかったとしても、相手はポカンとするだけです。この人とはまともに話すことができない、と思われてしまうかもしれません。

コミュニケーションというのはお互いが気持ちよく話ができるために距離感をチューニングしていくものでして、その距離感が合わないと違和感が生じるものなんですよね。

その距離感のチューニングを拒否しているのはどちらかと言えばノリが軽いほうなんです。それなのに、劣等感を植え付けられるのはなぜか「人見知り」と呼ばれるほうだったりするんですよね。自分が人見知りなのがいけないんだ、ちゃんと話せないのがいけないんだ、って。

どちらが「コミュ障」かと言えばノリが軽いほうなんですよ。ただ彼らはその自覚がないだけ。

コミュニケーションがうまくいかないのは相手の人見知りのせいだと思っているから、劣等感も何もないんです。

人見知りな人はちゃんと劣等感を感じて何とかしようともがいているので大丈夫ですよ。

さまざまな言葉や気遣いを覚えてコミュニケーションスキルはアップしていきます。実際に社会に出て大人としての社交性を身につけていくのは人見知りな人なんですよ。

だから、心配しなくて大丈夫。

初対面から軽いノリでコミュニケーションしようとするほうがどうかしてる。**人見知りは気遣いの才能があるんだから、劣等感を覚える必要なんてありません**よ。

06

NOが言えない人の悪癖

「NO」の一言が言えない人は、断れない理由を誰かのせいにしている傾向があるんですよね。

例えば、友達からあまり気の進まないイベントに誘われたとします。自分は行きたくないけど、「断ると友達の顔を潰すことになる」とか、「一緒に行かないと誘ってくれた友達がひとりでイベントに行かないといけなくなるからかわいそうだ」とか。断れない理由を人のせいにして、気持ちのどこかで安心してしまっているわけですね。

「自分は悪くない、悪いのは全てあの人だ」と自分が断ることができない責務までその人のせいにしてしまっているわけです。でも、その人は何も責任はとってくれませんん。

イヤな仕事を押し付けられたとします。本当はきっぱり断ればよかったのに、強引だったから引き受けざるを得なかった。しかし、その人が責任をとってくれるのだとしたら、取り返しがつかないような失敗をしてからです。取り返しのつかないところまでいってから責任をとられても、もう遅いですよね。

責任の有無が発生する前に自分を守るのは自分の責務です。

断る、断らないのを決めるのは自分。そしてその根拠は自分の中にあるのです。きちんと自分に問いかければ、本当に選びたい答えは出てくるはず。

07

好かれる話し方・嫌われる話し方

基本、自分語りをする人は嫌われる傾向にあります。

話している内容が不幸話だろうと、自慢話だろうと、自分のことを過剰に話すと「あなたの話を聞く気がありません」「私はあなたに興味はありませんよ」という印象を相手に与えてしまうのです。会話に「オレが」「私が」が多い人も同じですね。

また、相手からすると、興味がない人から自分語りをされても、情報は右から左へ流れていくだけです。「私はこんな人ですよ！」と自己紹介を押し売りされても、反発心が生じて嫌悪感にしかなりません。

自分語りをして受け入れられなかったときに「せっかく心を開いたのに」と思う人もいますが、それも相手は興味がないからです。勝手にしゃべっておいて勝手に怒るなんて迷惑な話です。でも、冷静に考えてみれば分かるはず。自分の歴史について語ったからといって、心が通じ合うというわけではありません。お互いに心を開くのには時間がかかることも忘れずに。

一方、**好かれる話し方をする人は、あまり自分の話をしない傾向にあります。**自分が話すよりも、目の前にいる相手の話に耳を傾けることで「私はあなたに興味があります」という印象を与えるわけです。よくないのはなんとなく分かっているけれど、自分語りが好きな人は少なくないはず。この時点で、すでに「好かれる話し方」ができていないわけですね。

相手に話をさせるのにもコツがあります。話を聞くよ、という姿勢を見せてもらえれば、「この人は自分に興味を持ってくれているんだ」と思い、口も滑らかになるはずです。

話し上手を目指すよりも「話をさせるのがうまい人」を目指したほうが好かれるようになります。もちろん、話を聞いているときの姿勢は前のめりで。

話をさせるのがうまくない、苦手だという人はストレートに「あなたに興味があるんです」「あなたのことを教えてください」と言ってしまうのもいいでしょう。

あとは、相手に気を使わせないよう、相手を気遣うのが基本。自分の本音なんてどうでもいいから、まずは**目の前にいる人を喜ばせることに全力を尽くしましょう。**あとは場数と慣れ。心がけていれば、少しずつ、「好かれる話し方」ができるようになるはずです。

自分に興味を持ってくれる人に興味を持つのは人間の性です。自分のことを話すだけでなく、いつの間にか話を聞こうという姿勢も見せてくれるようになるでしょう。

コミュニケーションの基本は「目の前にいる人に興味を持つこと」。
コミュ障ほどその場にいない誰かの話題が大好き。

気を使いなさい
言葉を選びなさい
礼儀を学びなさい
目の前にいる人を
いい気持ちにさせてあげなさい

それがコミュニケーションというものです。

08

「どう思われたいのか」ではなく「どうありたいのか」

周りの人に好かれたい。恋人だけではなく、友達にも……。好かれたい、と思うのは悪いことではありませんが、少し臆病になります。

例えば、遊びに誘いたくても、「迷惑かな?」と考えて誘えなくなる。それでも勇気を出してどうにかして誘ってみたけどたまたま予定が合わなくて断られてしまった……怖々と誘っているから、余計にマイナス思考になります。

「やっぱり誘ったのは迷惑だったんだ」

「これ以上誘ったら嫌われるかもしれない。もう自分から声はかけないようにしよう」

そんなふうに心がくじけてしまいます。

嫌われないようにしようとすると、それだけで行動が制限されるんですね。人の目を気にして行動している自分はもう本来の自分ではありません。「今」の自分を創ることができるのは「今の自分」だけです。他人からの評価で自分を創ろうとすると何もできなくなります。

でも、嫌われたくないんだから仕方がないじゃないか、という人もいるでしょう。その時点で考え方としては違います。

嫌われることを恐れないほうがいいんです。**友達に嫌われたからといって、別に何も起こりません。自分の人生に何も変化はないんです。**おそらく、「嫌われたら怖い」と思うのは、「嫌われた先」がどうなるか分からないからです。嫌われたら自分の人生がめちゃくちゃになってしまうかもしれない……とネガティブな想像をしてしまうから。でも実際にはそんなことは決してありません。誰かに嫌われるということは、人生の中でとても些末なことなのです。自分はその人と一生添い遂げなければいけないのでしょうか？　そんなことありませんよね。嫌われてしまったなら仕方がない。そっとそばを離れて、また別の人との縁を繋げばいいんです。

誰に好かれていようが、今の自分が嫌いなら不安しかないでしょう。本当にこれでいいんだろうか？　間違っていないだろうか？　とあたふたしてしまうんです。

でも、誰に嫌われていようが、今の自分が好きなら気持ちは揺らぎません。これでいいんだ、自分が選んだ道は正しいんだ、と胸を張ることができるはずです。

周りの評価に耳を傾けすぎないようにしましょう。**評価は過去の産物でしかありません。**

悪評だろうが、好評だろうが、そんなものは自分を測る物差しにならない、ということを忘れずに。

自分の意見をちゃんと持っていて、それを上手に伝える技術もあり、周りを気遣いながらも自己主張は怠らず、空気は読めるが必ずしも空気に従うわけでもなく、適正な空気を作り出すことができる人望があり、嫌われることを怖れず人の懐に入り込むことができる身軽さを持ち、その言動に清潔感があって、真面目すぎず、ふざけすぎず、でしゃばりすぎず、引っ込みすぎず、「いい加減」という温度を心得ている、笑顔が信用できる人が好かれる人。

でも好かれる人でも誰かに嫌われることはあります。
幸せそうな人が嫌いな人がいるかぎり万人に好かれるのは不可能。
こういう人たちに嫌われるのは適正に嫌われるということ。
無駄に嫌われないように、適正に嫌われましょう。

09

他人から嫌われることを過度に怖がる人とは

できれば人に嫌われたくない、とは誰しもが思うことです。でも、万人から好かれるというのはまず難しいでしょう。人は好きな人もいれば嫌いな人もいる。それは当然のことで仕方がないことだと分かっている人が大半です。

しかし、中には嫌われることを過度に怖がる人もいます。それは、自分が今の自分を好きになれないからです。今の自分が嫌いだから他人からも嫌われるのだと思い込んでしまっているんです。

他人から嫌われることを過度に怖がっているのに、誰よりも自分を嫌っているのは自分自身なのです。自己評価が低いから他者からの評価を求めます。自分が周りからどう見えているかを気にするようになります。なりたい自分ではなく、周りに求められているような人間になろうとしてしまうのです。

周りに求められているような人間になったとして、それは自分が求めていた姿でしょうか。

自分さえ愛せない人が他人を愛せるわけがありません。
他人を愛せない人が他人から愛されるわけがありません。

人に好かれたい、と思うならまずは自分を好きになりましょう。好きな自分になるために、汗を流して生きてみましょう。その努力の結果が人間関係に現れるだけです。自分を好きになることができれば、周りからの視線や評価は気にならなくなります。

努力すれば手に入るものはたくさんあります。なのに努力もしないで嘆いたり、怖がったりしているだけでは、「なりたい自分」さえ手に入れることはできませんよ。

10

優しい人ってどんな人？

褒め言葉として「優しい人」ってよく出てくると思います。

優しい、って言葉、すごく柔らかくて印象もいいですからね。特にどこを褒めたらいいのか分からないときに使ってしまいがち。

でも、優しい人って怖い人でもあるんですよ。この人とはもう無理だな、付き合い切れないな、と思ったらスパッと関係を切っちゃいます。そうしないと、悪口を言っちゃうからです。「きれいに見放してあげることができる人」が優しくできる人なんです。

あと勘違いされやすいのが、いい人＝優しい人ではないこと。優しい人は時に厳しいことを言う場合もあるからです。優しい人は、相手が欲しいものを差し出してあげるのではなく、相手にとって必要なものを差し出すことができる人だから。

例えば、その人に癒しの言葉が必要なら、癒しの言葉をかけてあげるのが優しい人。一方で、その人に厳しい現実が必要なら、厳しい現実を突きつけるのも優しい人です。その人に自立心が必要ならば、手を貸さずに見守ってあげるのも優しい人です。一見、厳しい人に見えるかもしれませんが、それは「優しい人」の定義を間違えているからです。**嫌われることを怖がっていい顔しかできなくなった人は、ただの都合のいい人です。**「してあげる優しさ」よりも「しない優しさ」というものを極めているのが優しい人。優しい人は決して万人に好かれるわけではない、ということを忘れずに。


優しい人は強い人でもあります。何が正しいのかちゃんと知っていて、その正しさを差し出すことができる人です。強くなれなきゃ、優しくなれません。

そして優しい人は他人を嫌いになりません。なぜかというと、嫌いになるまで干渉しないからなんです。そういうふうに言うと少し冷たく感じるかもしれません。でも、それが一番、人に優しくいられる距離なんですよ。

11

いつも特別な人にとってのヒーローでありますように

人がいい人、よすぎる人というのは周囲からの評判をとても気にします。他人からの評価でアイデンティティを形成しているタイプです。

だから、頼まれると断ることができませんし、誘われても断ることができません。

その相手が自分にとって大切じゃない人だったとしても、です。


いい人でいなければ嫌われると思い、一生懸命がんばって、どんな頼み事も断らずに引き受ける。「あなたがいて助かる」「いつも手伝ってくれてありがとう」と声をかけてくれる人もいるでしょう。

でも、自分のことを嫌っている人は、何をしようがその評価は変わりません。その人は「嫌い」という感情に何かしらの理由をくっつけているだけであって、その人のために変わろうとしても何も得るものはありません。それでも誰からも嫌われたくない、といい人になろうとして、頼み事をなんでも受け入れていると、それはただの「都合のいい人」になってしまいます。

さらにどんな頼みも断れない、ということで他にも弊害を作ってしまいます。大切な人、例えば友達だったり、恋人だったり、そういう人との時間がとれなくなってしまうのです。大切な人よりもどうでもいい人との約束を優先させてしまうことになります。

それは何のため？

ただ、自分の評価を気にしての行動ではないでしょうか。

実は誰のことも大事にしていない、ということになるのではないでしょうか。どうでもいい人のことはもちろん、大切な人のことも。

結果、自分も大して得もしない。大事な人ほど大事にしないから、好きな人も離れていってしまいます。他人のために生きているような人になってしまうわけです。むしろ、損をしていると言ってもいいかもしれません。それが人のいい人、よすぎる人ですね。まるで、地球を守っている間に大事な人を失ってしまうような悲劇のヒーローです。

万人にとっていい人になんかならなくていいんです。自分が大切だと思っている人、自分のことを大切だと思ってくれている人のことを第一に考えることが結果的には自分の幸せにつながります。

まずは、**自分の中で優先順位をつけてみましょう。**誰との約束を最優先にするか、誰からの頼まれ事は引き受けるようにしたいのか。

特別な人って、存在しているからといって、自分にとって何か得があるわけではありません。いなくなっても、きっと生活には支障はないでしょう。でも、いなくなったらすごく傷つく人たちは自分にとって大切な人です。そんな人たちのことを大切にしてあげてください。

人間関係至上主義というのは
『いい人』という名の『都合のいい人』を
生産するためのものでしかない。
人間関係にうるさい人ほど
都合のいい人を欲しがっているだけ。
そんな人の言うことを聞いていたら
その人にとっての都合のいい人になるだけ!!

12

真面目にやっていたって何もいいことはない

世の中では真面目であること、いい人であることを美徳としている場合が多いです。真面目に、いい人になろうとしている人も少なくありません。しかし、必ずしも美徳ではありません。

真面目な人、いい人は社会にとって「都合のいい人」であることがほとんどです。そのまま都合のいい人として利用され続けることになります。

「そんなことはない！　がんばっていれば誰かが見ていてくれる！　我慢していればきっといいことがある！」

そんな根拠のない希望にすがりつき、耐える人もいますが、実際は誰も見ていません。何もいいことも起こりません。その証拠に大成する人、出世する人はみな利己的でわがままで、それを押し通すだけの実力をつけた人です。決して「真面目な人」「いい人」ではありません。ただ損をするだけです。真面目な人って怒られやすいんですね。苦境でもグッと我慢しちゃう。結果、ヘラヘラしている人よりも上司や先輩から怒られるターゲットにされやすいんです。

だから、真面目になる必要も、いい人になる必要もないんです。上司や先輩たちが「真面目にやれ」だのなんだの言ってくるのは、都合のいい駒を増やしたいだけにすぎません。耳を貸すだけ無駄です。言われた通り真面目になったって、社会の養分になるしか道はないのですから。

自分のわがままを主張しましょう。
そのわがままに責任を持ちましょう。
わがままを押し通すだけの実力を養いましょう。

出世したいのなら、真面目でいい人はできるだけ早く卒業したほうがいいですよ。

13

騙《だま》されやすい人は自分が嫌い

騙されやすい人の特徴は自尊心が低いということ。自分のことが嫌いな人なんです。自分のことが嫌いな人はだいたい自分に対する理想が高いんです。完璧じゃないと自分を認めることができないわけですね。理想が高い分だけ自分に足りないものがたくさん見えて、「ああ、自分なんてダメだ」と思ってしまう。

自分の足りないところが見えているなら、そこを補えばいいわけですが、嫌いな自分の判断に従うことができません。

「欲求を満たしたい、でも行動することができない」

という葛藤を常に持つようになると、正常な判断力がなくなってしまうんですよね。

そんなときに言葉巧みにうまい話を持ちかけられるとコロッと騙されてしまうケースが多いんです。

自分勝手に動ける人は自分の判断を信じることができている人ですから問題ないです。

自覚はなくても、ちゃんと自分の行動に責任を持っています。騙されにくい人だと言えるでしょう。

うまい話を持ちかけられても最後は自分自身の行動に責任を持てるかどうかを問うことができるので、自分の責任能力を超過するようなことで騙されません。

騙されたとしてもかすり傷程度のことなので心配しすぎる必要はないと思います。

人は自分勝手に行動したことじゃないと責任が持てない生き物です。

自分勝手に生きたほうが得ですよ。

14

騙されやすい五タイプ

【寂しがり屋】

寂しがり屋の人は人と同じでなければ不安になってしまう性格です。

同調圧力に「ノー」と言えない厄介な性格なので「みんなやってますよ」という誘いに騙されて望んでもないことに巻き込まれてしまう傾向が強いです。

【自分で決断できない】

自分で決断できない性格の人は、自分で責任を負いたくない人です。

自分ではない何かのせいにできる案件に弱い傾向にあります。

恋愛で言うなら「終電がなくなってしまったから」「強引に誘われたから」「酔っていたから」などなど、言い訳が用意されていると騙されてしまいます。

【焦ると思考停止する】

焦ると冷静な判断ができなくなってしまう人は「安心」に騙されます。どうすればいいのかという、まずその人にとって不利になる案件を差し出すことで、焦らせて思考を奪います。

そのあとに安心できる材料を提供していくと、その安心材料を疑うこともしません。詐欺師がよく使う手口です。

【お人好し】

情に弱いお人好しは情に訴えかけられると騙されます。

「この人は私がいなければダメになってしまう」と思い込んで献身的に尽くしてしまうタイプです。

世話好きで母性が強く他人に対して過保護になりがちで、放っておくことができないタイプです。でも、「あなたがいないとダメになってしまう」という人はそうそういません。情に訴えかけてくる人は助けてくれるのなら誰でもいいタイプなんですよね。

【めんどくさがり屋】

めんどくさがり屋な性格の人というのは「誰よりも楽をしたい」という欲求が強い人です。

ですので「楽して痩せるダイエット」とか「楽して稼げるアルバイト」とか「楽」がキーワードになった謳い文句に弱いです。楽を欲して騙されて、誰よりもめんどくさがり屋なのに誰よりもめんどくさい結果になってしまうタイプですね。

まず、相手と自分との関係性がどの程度のものなのか確認してみましょう。

そこに信頼関係はありますか。

信頼関係があるのなら、騙されてもかまわない程度の範囲で手を差し伸べてあげるのもいいでしょう。

しかし、どこの馬の骨とも分からん赤の他人に信頼関係はまだないです。そんな人の言うことに身を任せてはいけません。

信頼関係は一朝一夕にはできないものです。

手放しで信頼してしまうのは儚い希望、自分の弱さでしかない、ということを忘れずに。

「誰かを信じる」という信念には自己責任が伴うものだと心得てください。

無責任に他人を信用しないように。

「ノー」と言える強さは責任感の強さなんですよ。

15

甘えている人ほどキレやすい

残念ながら「あのときキレてよかったなあ」と思うことはまずありません。

「上手に自分主張することができなかった人」が最終的にキレます。自己主張の選択肢が他になくなってしまった結果の表現方法で、あまり褒められたものではありません。

それに、キレて相手を言い負かしたところで、全く勝った気はしないのではないでしょうか。スッキリともしません。むしろ負けた気がしてしまい、罪悪感を覚えます。なぜ負けた気がするのかというと、戦っているのはキレた相手ではなく、上手に自己表現できない自分だからなんです。小さい子どもと同じです。「キレる」というのは、自分に対する敗北宣言みたいなものなんです。キレればキレるほど、自分がみじめになってしまいます。

キレる人は基本甘えん坊です。「言わなくても分かってほしい」という甘えが根幹にあります。ちゃんと自分の感情を言葉にする勇気を持っておらず、伝えられないことに鬱屈としてしまうのです。赤ちゃんと一緒ですね。

言わなくても伝わるほど、他人は自分に関心がありません。「言わなきゃ何も伝わりません。キレることで「なんで自分のことを分かってくれないのか」と本人は叫んでいるつもりなのでしょう。しかし、キレられたほうは何も分かりません。ただ怒っているんだな、という程度の情報量しかないので、何もしてあげられませんし、助けることもできません。

今、自分が何を感じ、何を考えているのか、丁寧に言葉にするようにしましょう。

言わなきゃ何も伝わりません。自分の感情を素直に言葉で表現できる人はみな穏やかですよ。

16

悪感情は溜め込む前に言語化して整理を

言いたいことを言うよりも、その場を丸く収めようとして自分が我慢すればいい。でも塵も積もれば山となる。

今までに消化できなかった小さな不満が蓄積され、それが自分のキャパを超えたときに「怒」という感情になって発散してしまうのです。そして周りには「小さなことでキレる器の小さい人」という印象を与えます。いいことなしです。

言いたいことを言わずに、一旦持ち帰るのは正しい対処法だと思います。問題はその先。持ち帰った感情をどうするのかということです。

溜め込んでしまう人は、感情を言語処理しないで、言葉の原料となる感情そのものを抑制します。これがよくありません。

感情を言葉に生成して保管しておけば、自分の中で整理整頓することができます。

なんで怒ったのか、不満に思ったのか、自覚できるのです。その言葉の蓄積はさまざまなコミュニケーションの中で少しずつアウトプットしていけるようになります。なので、理性的にストレスが解消されるのです。

しかし、悪感情をそのまま保管しておくと、暴言・暴力でしかアウトプットできなくなってしまいます。その瞬間は理性が取っ払われ、無秩序に感情を解放させることになるのです。

とはいえ、どうやって言語処理すればいいのか分からない人もいるでしょう。まず、**持ち帰った感情は手帳などに言語化して書き留めておきましょう。**それを毎日読んでいると、疑問が生じてくるはずです。それもまたメモしておきましょう。この作業を繰り返しているうちに、悪感情は言語処理されて自分の中で整理整頓できます。そうすれば、些細なことでキレることもなくなり、理性的にストレスが発散できるようになるはずです。

17

愛想と愛嬌の違い

「愛想」と「愛嬌」。似ているように見えて全然違います。でも、どちらも持っていて損をするものではありません。

「愛嬌」とはその人にもともと備わっているもの。誰にでもある天然の部分。自分では「直すべき点」だと思っていますが、周りからは「愛すべき点」だったりします。隠しても出てきちゃいます。

「愛想」とは自分を取り繕うこと。自分の本心とは裏腹にその場しのぎのために自分を取り繕う技術でもあります。「愛想笑い」がその代表ですね。自分でコントロールして出すものです。

社会で生きていくためには最低限の「愛想」は必要です。ただ、自分の得のために使いすぎると「媚び」と捉えられることがあるので乱用は避けたほうがいいでしょう。

愛嬌は自分がもともと持っているものですし、出そうと思って出せるものではありません。自分らしく生きていればイヤでも出てきてしまうものです。でも、他人から好かれようとして愛想をよくすると、自分らしさから遠ざかってしまい、愛嬌はなくなってしまいます。

愛想と愛嬌、両方あるのが一番ですが、どちらが欲しいか、というときは、「他人からどう思われているのか」より**「その自分は好きか嫌いか」を指標にする**といいでしょう。

自分が嫌っている自分を他人が好きになってくれるはずがありませんからね。

18

根も葉もないのに花が咲くのが噂話

人の噂話というのは、その話が本当かどうかは重要ではなくて、おもしろいかどうかということだけです。

おもしろい噂話は消すのが大変です。おもしろければおもしろいほど、人に伝えたくなるものです。この点は、無意識のうちに自分もやってしまいがち。誰かの噂話の批判を周りに吹聴するのも噂話のひとつになるので注意が必要です。

さて、そんな噂話が流れたときはどう対処すればいいのでしょうか。

噂話をされたくなければ、自分も普段から人の噂話を流さないようにしなければなりません。自らの人格で証明しましょう。人格は人格を引き寄せるものです。噂話をしなければいつの間にか噂話のない環境になっているはずです。争いというものは同じレベルでないと成立しないものです。その人と争うために、わざわざ低いレベルに落ちていかないようにしましょう。

また噂話が流されたとしても、あまり落ち込まないことが大切です。噂が流れるということは注目されている証拠。噂になってるって有名人じゃん、と喜ぶぐらいがいいんです。みんなに興味を持ってもらってよかったなあ、って。反応すればするほど、噂をしている人たちは喜ぶんですから。

同時に、**噂話をしている人たちは、そんなに自分に興味を持っていないということも忘れずに。**注目はされていても、噂をしている人たちは何も自分のことを知らない。噂話をきっかけに注目されるようになったら、いい機会だと、自分を知ってもらうためのプロモーション活動をするのもいいかもしれません。

自分のことを知ってもらえれば、噂話のどこが合っていてどこが間違っているかすぐに分かってもらえるはずです。

19

無責任な言葉に負けるなよ

他人ってすごく無責任なんですよね。自分が言ったことについて絶対に責任をとってくれません。

例えば、仕事中。同じ職場の人に「お前には無理だよ、向いてないよ、やめたほうがいいよ」と言われたとします。しかし、その言葉には全く責任は宿っていません。その人の言う通りに仕事をやめたとしても、その人は「仕事をやめた人生」に責任をとってくれません。その責任を負うのは全て自分自身なんです。

人からアドバイスを受けるときも要注意です。自分の人生ではないのですから、アドバイスする側も大した責任を持ってアドバイスしているわけではありません。すばらしいアドバイスだと思っても、自分には合っていないかもしれない。その人の言葉に流されてしまっていいのか、一度立ち止まって考えてみましょう。

有意義なアドバイスを受けたいときはいろんな意見を聞くようにするのが有効です。特定の誰かからだと、その意見に引っ張られることになりますからね。

でも、誰にアドバイスしてもらっても、どれだけたくさんの人の意見を聞いたとしても、最終的に決めるのは自分です。時にはむちゃくちゃな選択肢もあります。がんばって入った会社をやめてアイドルになりたい。当然、周りは止めるはずです。でも、やってみなきゃ分かりません。どうせ失敗するなら自分でちゃんと決めてからのほうがいい。自分で経験しないと分からないことってたくさんあるんです。他人に「向いていない」と言われたくらいで納得できるのなら、大した情熱もなかったってことではないでしょうか。

どうせ、自分の責任は自分でとらなきゃいけない。

それなら、**やりたいと思ったことはやったほうがいいんです。**

20

被害妄想が強い人の説明書

誰かがヒソヒソと「あの人嫌い」と言っているのが耳に入ると
「もしかしたら自分のことを言っているのかもしれない……」
とへこむくせに、誰かがヒソヒソと「あの人好き」と言っているのが耳に入っても
「どうせ自分のことじゃない……」
とまた勝手にへこむのが被害妄想の強い人です。

悪い情報は素直に受け入れるくせによい情報は拒絶するのが被害妄想の強い人。

自分には関係のない情報まで敏感に取り入れて、勝手に悪いほうへ悪いほうへ解釈してしまうのは自尊心の低さとプライドの高さ。

そもそも全ての人が自分に興味を持っていると思うこと自体大間違い、とんだ勘違いです。

安心してください。**大半の人は、「自分以外の人」にさほど興味はありません。**周りにいる人も、そこまであなたのことに興味を持っているわけでもありません。

自分だって、さほど他人に興味がないはず。

一番興味があるのは？

そう、**みんな自分に一番興味があるんです。**

だから、誰かがヒソヒソと悪口を言っていたとしても、「あの人たちはさほど自分には興味がないはずだ」と思っているぐらいがちょうどいいんですよ。

21

なぜ自分の長所は分からないのか

履歴書を書くときに「長所」の欄で手が止まる。短所はすぐ書けるのに。自分の長所ほど分からないものはないですよね。

では、他人の長所はどうでしょうか。すぐに分かりましたか？　その人の長所はおそらく自分にはないものです。当の本人はというと、自覚していない場合がほとんどです。

自分に備わっているものは「当たり前」、備わっていないものを「特別」だと認識してしまいます。どんなすばらしい能力で、他の人にはできないことだったとしても、自分に備わっているものなら「当たり前」のことになります。

優しい人は他人に優しく接することが特別なことだとは思っていません。当たり前なんです。

手先が器用な人は細かい作業もなんなくこなしますが、それも特別なことだとは思っていません。

「どうしてこの人はこんな簡単なこともできないんだろう？」と思うのは、自分にとっては当たり前のことだから。できない人はその「当たり前の能力」を長所だと思うのです。

人というのは、当たり前だと思えることしか続かないものです。その**当たり前が自分の魅力であり、生涯寄り添うことになる自分の長所**なんです。逆に当たり前だと思えていない部分についてはまだ長所となっていないとも言えるかもしれません。

長所は別に自分で分からなくてもいいんです。きっと誰かが教えてくれるはず。そのときは「へえ〜そうなんだ〜」と頷いておけばいいんです。

22

人と人を比べて見てしまう人

「自分と他人」を比べて自信を喪失してしまう人は、一体どんな人なのでしょうか。

まず人と比べてしまうポイントというのは自分が劣等感を抱いている部分になります。要するに自分の短所にフィーチャーしてしまうんです。

そして比べる対象になる人は自分が劣等感を抱いているところを『長所』としている人なんですね。つまり自分の短所と他人の長所を比べて見ているわけです。そんな比べ方をすれば、そこに圧倒的な差があることは必然です。

もう、完膚なきまで自信を喪失してしまうわけですね。

「人と人を比べて見てしまう人」というのも似たようなものです。

例えば「気は優しいけど料理が下手」という女性がいたとします。その人とお付き合いしている男性が「人と人を比べて見てしまう人」だったとします。その人は次第にその女性の「料理が下手」というウィークポイントばかりにフォーカスしてしまうようになるんですね。

そこに「料理は上手だが性格最悪」という女性がいたとします。男性は「料理が下手」という不満が全てになってしまっているので彼女たちの性格はすでに眼中にないわけです。

そこで「料理は上手だが性格最悪」な女性に鞍替えしたとします。するとしばらくしたら「その女性の性格」に不満を抱いてその不満が全てになってしまうわけですね。そんな不満の堂々巡りをしてしまう人が「人と人を比べて見てしまう人」なんですよ。要するに「人を見る目」がない人なんですね。

人を見る目のない人の評価なんて傷ついてあげる価値もないものなので、自分は自分で「自分になる」ことに夢中になってください。

誰が何と言おうと自分を好きになれる自分になった者が勝者なんですよ。

23

謙虚な美人と卑屈なブス

美人というのは見た目だけではなくて、視覚的情報、言動、服装とか総合的なものなんです。美人かそうでないか、というのはイメージでしかありません。点数で出ているわけじゃないんですから。

では、美人とは？　ブスとは？

美人は「美人だと思わせることが上手な人」です。どんなに美人だって欠点は持っていますし、その数はブスと大差ありません。ただ、「美人」というイメージがあるので、欠点を欠点と思われず、「かわいらしいところ」だと認識されるのです。これは美人の特権と言えるでしょう。

一方、ブスは「ブスだと思わせるのが上手な人」です。欠点は美人と同じ程度でも、ブスだというだけで「かわいらしいところ」だとは思ってもらえません。何か失敗したとしても、美人は「かわいらしい」と思われ、ブスは「何やってんだ、ブース！」と罵られてしまうわけです。美人かブスか、相手に与える印象が違うだけで人生は大きく変わります。

では、美人だと思わせるのが上手な人と、ブスだと思わせるのが上手な人の決定的な違いはなんでしょうか。

それは謙虚か卑屈かの違いです。

美人は常に謙虚で、相手のよいところを探しています。自分と比べるわけではなく、「あなたはあなた、私は私」という線引きをして相手を尊重した上で相手をよい気分にさせるのがとても上手な人でもあります。

一方、**ブスは常に卑屈**です。自分と誰かを比較し、相手のよいところは自分に足りないところだと思い、勝手にへこみます。相手を褒めるわけではなく、自分を責めてしまうんです。相手を見ず、自分のことばかり見ているので、当然「ブス」というイメージしか残りません。

謙虚な美人は他人と比較することはありません。その独立性が美しいのです。卑屈なブスは自分と他人との線引きができていません。自分になろうとしないで、他人になりたいと思ってしまうんです。その独立性のなさがブスなんです。

このように、美人か否かは見た目だけの話ではありません。きれいでいるのってすごく大変なんです。ブスだって美人のイメージを作ることはできますが、それを維持し続けるのが大変。結局、**ブスでいるほうが楽**なんです。ブスって努力を嫌がり、楽だからブスでいるんですよね。

せっかく女性に生まれたんです。自分を美人にしてやれるのは自分だけですよ。

24

人が見るのは顔ではなく顔つき

出かけるときはメイクもばっちり、オシャレもしてる。周りからは「なんで彼氏できないんだろうね」と言われたりする。

でも、本当は家ではグータラしていて、告白されたとしても、「この人は私の見た目しか見てないんだ……！」としか思えず、相手のことを嫌いになってしまう。

中身が伴っていればいいんでしょうね。

見てくれがよくったって、中身がクズだったら、いずれ相手にはバレてしまいますから。

どうせ顔でしょ、中身なんて二の次でしょ、なんて言う人もいますが、決してそんなことはありません。

内面と外見は繋がっています。
外見を磨けば内面も磨かれ、内面を磨けば外見も磨かれるものです。
どちらからアプローチするかだけの違いですね。

ですから、「自分は顔だけだ……」という人が内面はブスということはありません。
何が言いたいか分かりますか？

見た目はいいけど、彼氏ができない。
見た目はいいけど、恋愛対象外になってしまう。

それは内面も外見もブスだからです。
「内面がダメだから……」と勘違いしているところが、すでにブスだということを自覚するように。

第一印象でどこを見るのかは人によってさまざまですが、顔を見ているときは、だいたい顔つきを見ています。

顔つきは生活習慣によって作られます。

早寝早起き、掃除、洗濯や片付け、適度な運動に規則正しい食生活、課題や勉強の予習復習など、やるべきことはしっかりやる。

生活を美しくしていくこと。

外見を磨くのは余った時間でやること。

それが余裕のある美しさってやつです。

汚い部屋の中でどんなに外見を磨こうとしたって、美人になんかなれないんですよ。

生活ブスを直さなきゃどんなに取り繕っても顔つきもブスってことよ。

分かったかブース、ブーーース！

自称ブサイクの言い分

私たちはとても寂しがり屋です
寂しいとすぐに移り気をしてしまいます
でもそれは寂しくさせたあなたが悪いのです
付き合うのならどうか寂しくさせないようにかまってください

私たちはとても傷つきやすいです
でも人に対する思いやりはあまりありません
それは自分のことだけで精一杯だからです
私はあなたを傷つけるかもしれないけど
あなたはどうか私を傷つけないでください

私たちはとても人見知りです

だから挨拶もできないのです
本当はあなたに心を開きたい気持ちでいっぱいです
だからどうか私のためにあなたから話しかけてください

私たちはとても口が悪いです
陰で人の悪口ばかりを言っています
でもそれはサバサバした性格だから仕方ないのです
悪気があるわけではありません
だからどうか私たちの陰口を咎めないでください

私たちはとても嫉妬深いです
友達の幸せも祝福できません
でもそれは抜け駆けして幸せになった友達が悪いのです
あなたが私の友達ならどうか自分よりも先に私を幸せにしてください

私たちはとても依存体質です
でもそれは好きすぎるから仕方ないのです

好きすぎるのはあなたのせい
私のせいではありません
だからどうか依存させてしまった責任をとってください

私たちはとても自信がありません
自信がなくてかわいそうな弱者です
弱者には救いの手を差し伸べるのが当たり前
世の中は支え合うことで成り立っているのです
だからどうか弱者である私に自信を与えてください

私たちはとてもやる気がありません
何をするにも溜め息しか出ないのです
でもやればできると思っています
やればできるけどやりたくないだけなんです
だからどうか結果ではなく私の潜在能力を信じてください

私たちはとても口下手です

言いたいことが素直に言えません
でもちゃんとサインは出しています
それくらい言葉で言わなくても分かるはずです
だからどうか私のサインを見逃さないでください

私たちはとてもクズです
クズであることはちゃんと自覚しています
だから周りに迷惑をかけてもいいのです
やりたくないこともやらなくていいのです
それはクズだから許されること
だからどうか私を責めずに優しく見守ってください

25

男がいなくたって生きてはいけますが、人間関係なしには生きてはいけません

婚活や合コンに行くのが気が重いっていう人がいますが、そんなの当たり前のことなんですよね。パートナー探しという目的で行くと無駄に力が入るし、挙句の果てに空振り三振だったりしたら、「はずればっかだ、こんちきしょー!」なんて毒も吐いちゃうってもんです。

おまけに、周りの女どもは全て敵、いい男は獲物になるわけですし、まさに群雄割拠の戦場というわけです。勝者だけの正義の戦場に行こう、それも場合によっては何度も通わなければならない、となるとストレスも生じます。

では、どうしたら、婚活の場に気楽に行けるのか。

パートナーを探すというピンポイントの目的を捨てればいいんです。自分のコミュ

ニティを広げる場だと思って行けばいいんです。パートナーはひとりでなければいけませんが、友達は何人いたってOK。しかも友達になるのに男女は問いません。敵だと思っていた女とも、獲物だと思っていた男とも、獲物に該当しないと思っていた男とも友達になることができます。

人間関係が形成されれば、またそこから新たな人間関係が広がります。その人間関係が広がっていくプロセスの中で素敵な人と出会い、恋愛関係に発展していけばいいんです。

異性にだけに興味を持とうとせず、その場にいる人たちに興味を持つようにしてみてください。いい男を捕まえよう！　と躍起になるより、人脈を広げることに注力したほうがいい出会いがあります。

人脈っていうのは、自分のいる環境の外に行く努力をしなければ広がりません。婚活だけではなく、何か新しいことを始めたりするのもいいでしょう。一番簡単なのは仕事を変えることですけどね。

26

変わり続けることが人間関係を最適化する手段になる

人が変わるときというのは、それまで周りにいた人たちが離れていくときでもあります。それはもうどうしようもないことなんです。

変えたくない関係もある。離れていってほしくない人もいる。でも、それにしがみついていたら、いつまで経っても変わることも成長することもできません。自分らしさと引き換えに得た自分の居場所なんて窮屈なだけです。もうそこは自分にとって最適な場所ではないんですから。

しかし、変わったからと言って、全ての人が離れるというわけではもちろんありません。今までと変わらずそばにいて、見守ってくれている人もいます。そういう人って、自分の変わらないところをちゃんと見てくれているんですよね。変わり続けても、中学生ぐらいのころからずっと変わらない部分って絶対にありますから。

変わったことによって新しい人とも出会うでしょう。そんな人たちと一緒に、以前と変わらず見守ってくれる人。こういう人たちの関係の中に、自分らしい居場所があるのではないでしょうか。大切にすべきは変わったことによって離れていった人たちではないのです。

昔の場所に固執する必要はありません。変わった新しい自分には必ず、最適な場所があります。そんな自分を愛してくれる人とも必ず出会えます。

変わることを恐れずに。

それを怖がっていたら、いつまで経っても自分をアップデートすることはできませんよ。今のあなたはどんどん古くなっていって、そのうち風化してしまうだけです。

第2章

周りの人に振り回されない

［いろいろな人との付き合い方］

27

人の悪いところばかりが目につくわけ

「人の悪いところが目についてイライラしてしまう」のは、実は「イライラしているから人の悪いところが目につく」という場合がほとんどです。

そのイライラは何が原因かというと、自己肯定ができないコンプレックスからきているんです。こういうときは、「自分の価値」を見失っているときで、自分自身の存在に疑問を感じてしまっているんですね。

人間にとって、安心できるお付き合いというのは「対等であること」です。なので、自分の価値と相手の価値を対等なものにしようとする心理が働くのです。つまり、自己肯定がしっかりできているときは、相手にも同等の価値をつけようとしてよいところが目につくんです。逆に、自己評価が低いときは、相手を自分と同等な価値に引きずり下ろそうとして、悪いところが目につくようになってしまっています。

意味不明なイライラ感は自己評価が低いときの初期症状です。そしてそれは、自分が変化しなければならないとき。人にイライラしているパワーは自分を変えるための燃料に使うべきなんですよ。

ちなみに、イライラするかどうかは別として、「人の悪いところ」って誰にでも分かる部分なんです。人は見ている人に似ていく生き物です。なので、**人の悪いところばかり見ている人は悪い影響ばかり受けて悪い方向へ変わっていきます。**

逆に、人のいいところを見抜くとなると観察力が必要になります。さらに賢い人はそのいいところをどんどん真似して成長していくことができるんです。人をよく見ていれば、観察力は高めることができます。観察力がない人は他人よりも自分ばかり見ていますから。人に興味を持つようにしてみてくださいね。

28

誰かが悪くなければ気が済まない教

自分の正当性に自信がないとき、人は誰かのせいにしてしまいます。間違って自分が悪者になりたくないから。

でも、誰も悪くないときってあるんですよね。例えば、友達にドタキャンされたとき。ドタキャンされたほうが悪いの？　と言う人がいますが、誰が悪いのか考える前にまず、「何かあったのかな？」と心配するのが先じゃないでしょうか。めんどくさい人ってすぐに被害者になろうとするんですよね。傷ついた、私がかわいそう、とか。怒ったり悲しんだりするよりも先に話を聞く。それぞれ視点が違うのだから、その視点のすり合わせをする必要があります。そうすることで「ケンカ」ではなく「話し合い」をすることができます。話し合いとケンカの違いは「そこに善悪を持ち込んでいるのか」というところにあるんです。話し合いは関係を深くするものになりますが、ケンカは関係を消耗するだけのものになってしまいます。

でも、どうしても話し合いに持ち込めない、いつもケンカになってしまう。そういう人はまず相手の行動に対して疑問を持つようにしましょう。「どうしたのかな?」「何かあったのかな?」それってささやかな思いやりなんですよね。まずは自分の感情は置いといて、相手のことを考えてみましょう。そうすれば自然とケンカにはならないはずです。

自分の正当性に自信を持つのは悪いことではありません。自信があれば、感情的になる必要もなくなります。

誰かを悪者にしようとしたときは、まず自分の頼りない自信と向き合ってみてください。 そうすれば、すぐにただ意見がすれ違っただけで誰も悪くないということが分かるはずです。

29

嫌いな人はいていいんです

好きな人も嫌いな人もいる。それは人として当然のことです。その気持ちは自由ですし、嫌いな人がいたとしてもその人に対して何もしなければいいんです。行動を禁じても、気持ちは禁じないことが大切です。

嫌いな人がいないのは別にいいことではありません。
嫌いな人がいないのは人に興味がないからです。人を嫌うことを自分に許してあげてください。人を嫌うことを禁じると、人に関心を示さないことでしか対応できなくなってしまいます。

誰かを好きになった気持ちを抑圧しようとする人がいますが、そんなことは絶対に不可能です。好きにならないようにしようとすると、余計に好きになってしまうって定番じゃないですか。嫌いな人も同じです。嫌いにならないようにとすればするほど、その人の行動が目につくようになります。

「嫌いな人がいる自分がイヤだ」とか、「こんな自分は性格が悪い」だとか、そういうことはありません。好き嫌いは善悪ではない、ということを覚えておいてください。嫌いな人を無理して好きになろうとしなくても大丈夫。嫌いな人とは礼儀として付き合っていればいいんです。好きでなければ人間関係が築けない、というのなら、そちらのほうが大人として失格だと思いますよ。それでもどうしても嫌いな人を作りたくないというなら、**「嫌いな人」に対して「直してほしい」という期待を捨てましょう。**そうすれば、「嫌いな人」は「どうでもいい人」になります。

嫌いなら嫌いなりの付き合い方があります。好きな人としか人間関係を築けないと人生が貧しくなりますよ。

30

自慢話をする人とそれを不快に感じる人は同レベル

「自慢話は劣等感の裏返し」とよく言われますが、確かに多くは間違っていません。常に周囲の評価を気にしている劣等感から、周囲の評価を高めたいという自己顕示欲が生じるものですから。

しかし、それはそっくりそのまま自慢話を不快に感じる人にも同じことが言えるものなんですよ。自分の劣等感を刺激されたからイライラする。それは「同族嫌悪」というものなんです。

あくまで「自慢」というのは比較対象があってのこと。「あなたよりも私のほうが」という比較があって初めて自慢になるわけです。比較対象のないただの「自己報告」を自慢話だと捉えてしまうのは受け手の問題です。勝手に相手と自分の境遇を比べて自慢だと受け取ってしまうわけです。

もしくはそれがその人が自分に足りないと感じている場所なのでしょう。「あいつは私が足りないものを『自分は持っている』と見せびらかしてくる」と勝手に解釈してしまうのです。だから、人が何を「自慢話」と捉えるかは分かりません。劣等感の塊のような人には何をしても、何を言っても自慢だと感じるのではないかと、話す側が気を使ってしまいます。どちらにせよ自信のなさが「自慢されている」と受け取ってしまう原因になるわけです。

自慢話をする人ほど自慢話が嫌いです。そして、人の自慢話が嫌いな人ほどそれが自慢にならないように巧妙に自慢話をしていたりするものなんです。

自慢話を不快に感じたら、その人と同レベルだということ。自慢話を封じようとあれこれ考えるよりも、その人の自慢話が気にならないところまで自分を高めるのが賢明です。自慢話を聞いてイライラしているようでは、人としてまだまだ、ということですよ。

31

人の顔色をうかがっていたら幸せにもなれない

好きなことをやっていれば好きなことができていない人に疎まれ、
自分が楽しそうにしていれば楽しめていない人から疎まれ、
自分が幸せになれば幸せになれない人から疎まれます。

どのコミュニティでもあることです。

最近はSNSで誰でも気軽に発信ができるようになりました。そうなると、どの投稿にも不愉快だ、と言ってくる人が現れるんですね。

自炊した料理の写真を載せれば女子力アピールかと言われ、自撮り写真が多いと自意識過剰だと言われる。特にTwitterなんかがそうなんですけど、全部自分に向けて発信されたものだと錯覚しているんですよね。**誰もお前に話しかけちゃいない**んだよ。

勝手に勘違いして、勝手にプンスコして。自意識過剰はどっちだ！　という話です。なんで私がお前のお気に召すメッセージを常に発信しなきゃならんのだっつー話なんですよ。

もともとTwitterは呟くものですよね。以前は本当に言いたいことだけを自由に話せていたんですけどね。Twitterのタイムラインってよく回転寿司って言われるけど、好きなものだけ取ればいいんですよ。

今はいろんなコミュニティができちゃって、群れてきちゃって、そこから不自由している人もいると思います。人気者になりたい人とか、それが気に入らない人が入り乱れていて、叩き合い。

SNSに投稿するときに気をつけることがあるとすれば、自己責任だということと礼儀を忘れるなということ。

すごく気軽なツールなんですよね、SNSって。アイドルだろうが、アメリカ大統領だろうが、気軽に話しかけることができます。でも、いくら気軽だからって人と人の最低限の礼儀は忘れちゃいけません。「こんなことを言ったら失礼かな」「こんなことを言ったら気を悪くするかな」という相手への気遣いは、現実世界でもSNSでも変わりません。

実はそこらへんの礼儀を欠いている人ってわりと多いんですよねぇ。初対面なのに馴れ馴れしいコメントとか「友達かよ！」とツッコミを入れずにはいられません。

そういう礼儀がない人ほど、SNSの全ての発言が自分に向けられているものだと勘違いして勝手にイライラするんです。

礼儀のある人は礼儀で距離感を保っているのでそんな妄信はしないものなんですよね。自分に関係のない発言はちゃんと無関心にスルーできるスキルも持っています。

SNSは礼儀を無視していいツールでもないし、無法地帯でもありません。**最低限の礼儀は忘れずに**、そして無法ではなく自由を楽しみましょう。

まあ、最後に言えるのは、SNSでは人付き合いするもんじゃない、ってことなんですけどね。

ＳＮＳというものは
コミュニケーションツールではない。

現実では言えない感情を
文字でアウトプットして
自分の感情に形を与えることによって
自分が何を感じ、何をしたいのか
それを確認するためのアウトプット作業。

タイムラインに表示された誰かの呟きの全てが
自分に向けられているものだと錯覚して
勝手にイライラしたり、勝手に落ち込んだりするな！

32

男の友情と女の友情の違い

男の友情は自分に恋人がいたとしても友達を優先します。

その男の友情を許してあげるのが女の愛情。

女の友情は友達に恋人ができたら自分よりも恋人を優先させてあげるように一歩身を引きます。

それを察して「たまには遊んでこいよ」と言ってあげるのが男の愛情。

俗に女の友情はハムより薄いなんて言いますけども、実際は違うんですよ。ちゃんと友情を結んだ友達なら、一歩引いてあげる傾向にあるんです。決して恋人ができたからと男を優先している、と友達のことをいうわけではないんです。友達がいなきゃいけない教はそうですけど。友達いなきゃいけない教はひとりでいる人のひとりの自由を許さずに、孤立することの不自由を与えてしまう人たちですから。

というわけで、同じように見えて、全然違うんです。実は友達の幸せを優先させてあげる友情のほうが大多数です。薄いように見えてしっかり丈夫にできているんです。

ちなみに、男は恋人より友達をとるとか言うじゃないですか。でも、**男の友情ってただの言い訳だったりすることもあります。**そんなに厚い友情じゃないんですよ。「今日友達と約束があってさ〜」と頻繁に言う人は一回疑ったほうがいいです。もちろん、同じ目標がある学生時代の部活動などでは男性の友情は厚いですよ？　でも社会人になれば、みんなバラバラですよ。別に共有するものもないですし、年に一回会っていれば十分です。毎週会っているような関係ではいられないはずです。

33

いじられキャラの天敵

【いじられキャラの特徴】

・人見知りだけど人見知りであることを隠して無理している
・大事な場面で天然が炸裂する
・あまり人の話に参加しない（考えごと多し）
・マイペースだと言われがちだけど、内心はチョー焦って行動している
・他人をいじって笑いをとるくらいなら自虐ネタで笑いをとる
・基本ドMである
・Sな人になつく傾向があるが自称ドSのただの人格破綻者になつかれる傾向もある
・感情が昂ると泣いてしまうのでいつも笑っているように感情を無理やりコントロー

ルしている
・来るもの拒まず去るもの追わずな自己主張のできない性格
・控えめな性格かと思いきやたまに思いつきで大胆な行動をとる

天然のいじられキャラの人は基本Mです。Sな人との相性がいいのですが、自称ドSは要注意です。受け身なMを気持ちよくさせてこそのS。本物のドSは能動的で、サービス精神旺盛な人です。ドSのSはサービスのSなんですよ。

しかし、自分が優越感で気持ちよくなりたいだけの自称ドSはお呼びではありません。**ヘタクソないじり方をしてきたら、渾身の「はあ？」をお見舞いしてやってください。**自分のことしか考えていない自称ドSはだいたい気が小さいのでその程度で成敗できるはずです。

ドSと自称ドSへの対応にはしっかりと線引きをしましょう。

34

自称サバサバ女のガサツさと品のなさ

いい女は品がある女性です。

自称サバサバ女は品がありません。ガサツなのがサバサバというわけじゃないんです。他人をヘタクソないじりで自尊心を満たそうとする輩もサバサバした女ではありません。

自分をサバサバした女だと見せたい。だけど、実際は下品な粘着質だったりします。

サバサバした女性というのは、「自分は自分、人は人」という当たり前のことを誰よりも大切にしている人なんです。なので、「他人が自分のことをどう思うのかは他人の勝手」という強さを持っています。自分をサバサバした女性に見せるために他人を利用したり、自分でわざわざ「サバサバ女なんだよね、アタシ」みたいに言ったりしません。

また、自称サバサバという女は「私って言いたいことは言っちゃうタイプだから～、悪気はないから～」と言いがちです。これが本当に悪気がないのかというと大間違いです。言いたいことを何でも言っちゃう女性は瞬発力があるだけです。それが本当に自分の言いたいことなのか、判断できていません。自分の伝えたいことが分かっている人はそんなにいるもんじゃないんです。ちゃんと、自分の伝えたいことを整理してから必要なことだけを口にする。そういうのが品だと思うんですよね。

あと、「悪気がないから～」と言っていますが、100パーセント悪気で発している言葉です。そこには圧倒的な悪気があり、その言葉で傷ついた人を見て内心ほくそ笑んでいるような低俗な人種なんです。「この人に悪気はないんだ」と思いたくなる気持ちも分かりますが、それは嫌われたくないだけの現実逃避です。そういう人をターゲットにして好き勝手なことを言ってくるのがこのテのタイプです。嫌われることを怖がらずに、そういう人とは素直に距離を置きましょう。

35

完璧主義な人の説明書

完璧主義な人に対して、どういうイメージがありますか？

テキパキしている？　少しお堅いイメージ？

実は、めんどくさがりな人が多いんです。

完璧にしなければならない、という思いが目の前のやらなければいけないことのハードルを無駄に上げてしまい、そこからめんどくさい、という思いが生じてしまうんです。

例えば、部屋の片付け。完璧に片付けなければならない、という思いがめんどくさいと思ってしまう根源。だから実は完璧主義な人ほど部屋が散らかっていたりするケースが多いんです。

一度片付け始めるとトコトン片付けなければ気が済まないのが完璧主義な人なのです。

この完璧主義が仕事上の対人関係になると厄介なんです。完璧主義に伴う「めんどくさい」を他人にも感じてしまい、それがイライラや焦燥感に繋がります。結果として、他人にも完璧であることを強要してしまうんです。短所ばかりに目が向いて怒ってばかり。人の上に立つ者としては完璧主義は三流の証。**自分が完璧になれないというこことを知っている人はテキトーなもの**です。別に悪いことではありません。当然、他人にも完璧は求めないのですから。自然と他人の短所よりも長所に目がいくんですね。

上司が完璧主義だと部下はかわいそうですよね。何をしても怒られるのでしょうから、あまりピリピリせずに聞き流すか、表面上は上司が求める通りの完璧な仕事のフリをしてあげるのが一番かもしれません。

36

天然たちの苦悩

天然と呼ばれる人たちにはその場の空気に合わせるスキルが欠落しているものなんです。ですから、どんな環境にいても「自分は自分」として悪気もなく、思ったこと感じたことをそのまま表現するんですよね。

それがその場の空気を大事にしている人にとっては理解不能なものなんです。理解できないものは怖い。だから、その理解のできない言動を「天然」という枠に押し込めて安心しているわけです。

一度天然という烙印を押されると何を言っても嘲笑の的にされたり、いじられキャラを押し付けられたり。時には体のいい八つ当たりの対象にされたり、その存在自体を軽んじられるようになってしまうんですよね。

天然と呼ばれるいろんな人たちの悩みを聞かせていただいているのですが、みな一様に「孤独」なんですよ。

周りに人は集まるけども誰も自分の本質は見てくれない。

「天然」という便宜上の枠に棄てられている。

そんな誰も理解を示さない孤独感に苛まれているんです。

また、**天然の人というのは優しい人が多いのも特徴でして、心の中は傷だらけのくせに人のために笑顔を演じたりしてしまう**んですよね。自分が傷ついても、人には優しいんです。

確かに物事を理屈で考えることは苦手なように感じますが、その代わりに物事を感性で感じることに長けているように思えます。

だから、天然と呼ばれる人はアートに長けている人が多いんですね。

その感性は「天然」という枠に棄ててしまうには、もったいない感性だったりするんです。感性は物事の本質を直感的に見抜く目ですから、磨けば光るのが天然というわけです。

まあ、天然を装ったファッション天然はまた別の話ですけどね。

37

「使える」「使えない」で人を判断する人

仕事上でも、「こいつは使える」「あいつは使えない」と言う人がいますよね。そういう人って人心掌握ができない人なんですよ。

「あいつは使えない」。その人が使えないのではなく、その人を使いこなせるだけの器量がないだけなんです。

「こいつは使える」。使えているのではなく、自分がうまく利用されているだけだったりするんです。

人は何のために働いているのでしょうか。先輩や上司、会社のため？　いえいえ、そんな人いませんから。

生活のため、家族のため、自分の夢のため。それぞれがいろんな目的を持って働いているんです。それが仕事の大原則です。

「自分の目的のために仕事をする」姿が敬意につながります。そして人の心を掴み、そこで初めて人はあなたに「使われてくれる」ようになるんです。

人は誰もあなたのためには動いてくれません。自主的に自分のために動いてもらおうと思ったら、敬意に値する器量のある人にならなければなりません。

下の者は上の者の言うことをなかなか聞かない生き物です。

でも、上の者をよく見ています。だからこそ、敬意の払える人間かどうかを判断することができるんです。実は裁かれているのは上の者なんですよ。

「人を使おう」と思っているような人間には誰も使われてくれません。使おう、ではなく、やってもらおう、と思うほうが何事もうまくいくものなんですよ。

38

余計な一言が多い人とは

余計な一言が多い人というのはコミュニケーションが苦手な人に多いです。

コミュニケーション能力に長けている人は、自分が喋るよりも相手に喋らせる能力に長けているんですね。そういう人と話しているとついつい、調子にのって余計なことまで喋ってしまうんです。

それでもそこそこコミュニケーション能力がある人は「あっ、これはまずいな」と察して最後の一線は越えないように自制心を働かせるんですけどね。

また、コミュニケーション能力が高い人は「何を言ってもいいんだ」という空気を作るのに長けています。それがコミュニケーションが苦手な人からするとトラップなんですよね。何を言ってもいい空気があるからと言って、本当に何でも言ってもいいってわけじゃないんですね。お互いへの礼儀、敬意があった上で、「何を言ってもいい」という楽しい空気が共有されるわけです。その空気に流されて、礼儀も敬意も忘れてしまったときに「余計な一言」が出てしまい、その空気を壊してしまうわけです。空気を読むことよりも、自分の感情を優先しちゃってるんですよね。

とはいえ、**余計な一言を言われたほうだけではなく、言ったほうもめちゃくちゃ後悔しています。**むしろ、失言してしまったほうがへこんでいることが多いかもしれません。

コミュニケーションの基本は敬意を持った耳と、礼儀を持った口です。このふたつを決して忘れないようにしましょう。余計な一言で人生を台無しにしてしまう人もたくさんいますからね。

ただの照れ隠しだったり、オチをつけないと気が済まないっていうのもあるかもしれませんが。余計な一言で話が締まることもありますからね。

39

人の話を否定しがちな人の扱い方

自己承認欲求の強い人は人の話を否定しがちです。

「認めてもらいたい」という欲が自己承認欲求で、食欲や睡眠欲と同じです。だから、ある程度満たされていないと、心身の健康に悪影響を与えてしまいます。人の話を否定しがちになってきたら、「もっと見て見て」ということ。食欲でいう「おなかが空いたよ」というサインと一緒です。

つまり、人の話を本気で否定しているというわけではありません。単純に否定したことによって、目立って自分に注目を集めたいというだけなんです。

自己承認欲求が満たされない根幹となっているのは、自分自身が自分を受け入れられていないことにあります。ぽっかりと空いた隙間を誰かに埋めてもらおうとあがいているんです。

ですから、**話を否定してきた人に対しては「その人の話題をしてあげる」ことで話は丸く収まります。**決して「はいはい、分かったから」などと軽んじてはいけません。これでもか！　というほどちやほやしてあげて、「あなたが話題の中心だよ」ということを実感させてあげるのです。若干めんどくさいかもしれませんが、身内や友人なら我慢してあげましょう。

「いじる、褒める、喋らせる」の三拍子できっとご満悦です。

ただ、ぽっかりと空いた隙間は他人によってではなく、いつかは自分で埋めなければいけないということを気付かなければならないいんですけどね。

40

かまってちゃんの説明書

かまってもらいたがり、俗に言う「かまってちゃん」。
言い方はポップですが、生きていく上で致命的な欠陥になりかねないものだという
ことをよく覚えておいてください。

かまってちゃんの特徴。
・感情の起伏が激しく衝動的に自分がイヤになってしまったりする。
・わけもなくイライラしたりする。
・親しかった人のことが急に嫌いになったりする。

かまってちゃんは、ひとりでは自分の存在意義さえも見出すことができないんです。
だからあらゆる手段を使って人の気を引こうとするわけなんですね。悲愴的になって

人の気を引いたりするのはまだ軽度のかまってちゃん。重度になると無差別に人を嫌って人の気を引こうとします。誰かを傷つけることで注目を浴びて自分の存在感を確認し、安心を得るわけです。

人の目を気にするわりには人に無関心。

関心のあるものは自分の存在意義だけ。

他人は自己の存在を確かめるための道具くらいにしか思っていません。

精神的に未熟なのが根本的な問題ですので、精神的な自立しか解決策はありません。

人は自分を幸せにするのが苦手な生き物です。

その代わりに人を幸せにすることはとてもとても得意な生き物です。

違う誰かのために力を発揮するのが人。自分以外の誰かのためを思ったとき人は初めて自立をするものなんです。

人が強くなるときというのは決まって誰かのためなんですよね。

自分にしか関心を持てないうちは自立なんかできないってことですよ。

第3章

こう考えれば苦しくない

［気持ちのトリセツ］

41

協調と同調の違い

「同調」とは他人の主義主張と自分がもともと抱いていた意見とが一致することを言います。

「協調」とは主義主張の異なる者同士がお互いの主義主張の違いを尊重し合うことを言います。

同調で繋がっている集団というものの多くは「同調圧力」で集団を形成しています。同調を強いて、協調はしない集団のことです。協調で繋がっている集団は決して同調しているわけではありません。他の集団を弾圧することはしないんです。必ず、「話し合い」というものが前面に出るはずなんです。日本人は協調性があるとよく言われますが、その多くは同調圧力だと考えて間違いないでしょう。

わたくしの家の最寄りのコンビニ、バイトさんが全員外国人なんです。その人たちが話しているのを聞くと**みんな意見が違います。違うんだけど、仲は悪くない。**日本人だと三人いたら三人とも同じ意見でないと気まずい空気になるんですよね。この空気が同調を強いているんです。

また、女性も同調圧力の傾向が強いようです。

嫌われたくない。
仲間外れにされたくない。
ひとりになりたくない。

そういうネガティブな思考が自分の圧力となり、実際の自分とは異なる自分で集団の中に属する形となるのです。

簡単に言えば、ただの臆病者の集団。

例えば、A・B・Cの三人がいたとして、この中で共有しているのは、友情ではなくただの同調圧力です。これはすごく女子にありがちで、同じ友情（価値観）を複数で共有できなきゃ裏切り行為と見なされるめんどくさいアレですね。

でも、本当の友情というものは、それぞれがそれぞれにひとつずつの友情を持っているものなんです。

AはBとCに

BはAとCに

CはAとBに

ひとつひとつ異なる友情を持っているもので、その違いを許し合えるのが本当の友情というものなんですね。人と人って結局は一対一。一対一がたくさんあるのが健全な関係なんです。群れた女性って宗教的だし、組織みたいだし、友情とは全然違うものだと思います。

友情というものは一方的な片想いでいいんです。友達が欲しいからといって、無理に同調する必要もありません。

同調しなくていいので、協調してください。

同調しかしない人は同調しかしないから一緒にいても意味がない。
お互いが違う意見を持ち合わせていないとコミュニケーションは成立しない。
違うところがあるから話ができる。

別に同調しないからって嫌われたりしないですよ。
そんなことで嫌うようなヤツは
同調しか求めていないヤツですから
嫌われて結構な相手です。
大人ならちゃんと「話」になります。

42

孤独を恐れて群れている人におもしろい人はいない

どんなに大きな仲良し集団でも、ひとりのわたくしから見たら、とてもとても息が詰まりそうなグループです。それは大規模なグループの自由よりひとりの自由のほうが大きいから。グループに縛られていたら決して出会うことのない縁がひとりの自由にはあるんですよ。

ひとりで寂しいと思うことはありません。ひとりが寂しいじゃなくて恥ずかしいというのがあるけど、それはひとりでいる人のことを笑う人がいるから。例えば、ひとりでカフェに行ったとします。自分以外周りが複数でいたとき、ちょっと恥ずかしく感じることがあるのではないでしょうか。誰も自分のことを見ていなかったとしても。

仲間意識が仲間外れを作っちゃうんですね。

おもしろい人でいたければ、群れちゃいけない。

Twitterとかでもそうです。人気

が出てきて、人脈が広がると急に内輪ノリのせいでつまらなくなるアカウント、心当たりはありませんか？　孤独がおもしろい子だったのに、おもしろ要素をなくしてしまったんですね。読者の人に向けて、じゃなくて、内輪の人に向けての内容になったことで、読む人を選んでしまっているんです。

あと、女性にありがちなことだけど、少し知名度が上がると、すぐに顔出しするようになるんです。自分が前に出ちゃってる。自分をチヤホヤしてほしくなっちゃう。読者はお前の顔じゃなくて作品を見たいんだ、という話。

私生活でもそれは同じです。人付き合いは基本一対一。ひとりにならなきゃマトモなお付き合いなんてできないんですよ。

意味のない集団に縛られて、ひとりの自由を放棄しないでください。もったいないですよ。

43

何を考えているのか分からない人に対して

周りの身近な人間から、「何を考えているのか分からない」と言われると、自分が言葉足らずなのか、とか、自分に何か問題があるのではないか、と考えるのではないでしょうか。自分でも必要以上に意識していたときに、そういった指摘を受けると、余計に落ち込んでしまうものです。

でも、安心してください。

何を考えているのか分かる人なんて実はひとりもいないんです。

多くの場合は同調と共感で「何を考えているのかわかる」という印象を与えているだけなんですよね。

同調と共感さえしておけば、「自分と同じ」と錯覚させることができるので「わかったつもり」になっているだけなんです。

ですので、同調と共感だけで形成されている違いを許さない女子の群れなどでは「分かるー、分かるー」と言っておけば「みんな一緒！」というひとくくりにまとめられて理解できた気になれるわけです。

「何を考えているのか分からない」と言ってくる人っていうのは、自分と目の前にいる相手との違いを認められない人なんです。何が分からないかというと、どうして自分と違うのかが分からないってだけなんですよ。

同調と共感の一方向からしか人を見られない人の悪い癖です。

多角的に人を見る能力があれば、分からないなんてことはありません。

少なくとも「自分とは違うんだな」ということは理解してくれるはずです。

何を考えているのか分かってもらえなくても、違いを認めてくれる人は必ずいますよ。

違いを認めてくれる人というのは、人として成熟した人なので、その人を大切にして人間関係を形成していったほうがいいでしょう。

雑音に惑わされて自分を見失わないようにしてください。

人間関係に潰されちゃうぞ。

気がついたらやっている かもしれない『女子ハラ』

『女子ハラ』をご存じでしょうか。女子にありがちなハラスメントのことを言います。女子ハラにもいろいろありまして。

「私ブスだからさ」と言って「そ、そんなことないよ」と言わざるを得ない状況に追い込むことを**ブスハラ**と言います。

「私たち、友達だよね？　友達だよねっ？」と半ば強制的に確認することを**トモハラ**と言います。

やたらとダイエットアピールをして「がんばってる私を見て！」と言わんばかりに自己アピールすることを**デブハラ**と言います。

一方通行なコミュニケーション手法で会話が全く成立しないことを**コミュハラ**と言います。

相談と称して同意しか求めず、違う意見に耳を貸さないことを**グチハラ**と言います。

SNSなどで執拗に「病んでいるアピール」をして雰囲気をぶち壊すことを**ヤミハラ**と言います。

振り返ってみてください。あなたもやっていませんか？　女子ハラ。強引に言わせたり、自分の気持ちばかりを押し付けたり、話を聞いていなかったり。あの子もやっているから私も、などと無意識のうちに女子ハラの加害者にならないでくださいね。

44

コミュニケーションが苦手な人ほど無駄にプライドが高い

どうすれば上手に話せるようになるのかという相談がよく来ますが、口下手な人というのは無駄にプライドが高いです。上手に話せなければ自分のプライドが許さないんです。

コミュニケーションに躊躇がない人というのは決して話術に長けているわけではありません。

上手に話せるようになりたい、という時点で間違いなんですよね。恥をかかないように、とか頭をよさそうに見せたいとか、バカのくせにそんなことを考える必要はないんです。そのまま出せばいいのになあ、と思います。自分以上のものを出そうとして、結局何も残らない感じ。身の程を知れ、身の程でいいんだよ、という。身の丈でいいじゃないか。

擬音ばかり多用する人やボディランゲージを多用する人もいます。手をパンパン叩いて爆笑するだけの人もいれば、奇声をあげてハイタッチするだけの人もいます。誰も自分をよく見せようなんて考えてコミュニケーションをとっている人なんていません。決して格好のよいものではないのかもしれませんが、そこにその人らしさが表れるものだったりするんですよ。

コミュニケーションの鉄則は、

・**自分をよく見せることを目的にしないこと**
・**その人に何を伝えたいか、その一点のみを目的にすること**

このふたつです。

コミュニケーションは相手あってのこと。きちんと相手にベクトルを向けないと成立しません。相手に分かってもらえなかったら、相手にどうやったら分かってもらえるかを考えましょう。

45

電話をかけることが緊張する

最近の連絡手段はメールやLINEが主流になってきているので、出番がなかなかないから電話が苦手という人はわりと多いんです。

相手の顔が見えないことでコミュニケーションが図りづらいから、とか、単にめんどくさいという甘えから、とか。苦手な人はその理由をあれこれと考えるのではないでしょうか。

メールやLINEの返信は何度もシミュレーションして、まずいことは言ってないか、ちゃんと伝わるだろうか、などと時間をかけることができます。しかし、電話は瞬発力任せの一発勝負ですからね。メールやLINEのコミュニケーションに慣れてしまうと電話が怖いものになってしまいます。

特に若い人はメールやLINEだとおもしろい人なのに電話だと「アウウ」となってしまう人がたくさんいます。それって、会話の瞬発力がないんですよね。

メールやLINEで一時間かけてコミュニケーションしたものは電話に換算すると五分もかからない程度でしかないんですよ。

本来なら五分もかからないコミュニケーションを普段から一時間かけてコミュニケーションしているわけです。

これでは電話が苦手になってしまうのは当然といえば当然ですね。また電話では身振り手振りも一切通じません。もちろん、写真や動画も送れませんから頼りになるものが言葉だけという連絡ツールなんです。使っているようで使っていないのが言葉です。ですから、言葉を知らない人には不向きなツールなのかもしれません。これはもう慣れしかないですよ。場数を踏んで恥をかいてスキルを上げていくしかありません。相手の対応の仕方を自分のものにしていくしかないんです。会話は自転車と同じで止まるとコケるものです。**メールやLINEは自転車の補助輪**だと思ってください。

46

好きになる人というのは自分の好きな一面を引き出してくれる人

人はどんな人に興味を持つと思いますか？

おしゃべりが上手な人？　趣味が同じ人？

いいえ、人は自分に興味を持ってくれる人に興味を持つものです。

こちらが引き出そうとすると、向こうも引き出そうとしてくれるんです。いいところを見ようとするのも同じですね。自分が目の前にいる人のいいところを見出せば、相手もいいところやおもしろいところを見出そうと自然としてくれます。

まずは自分語りはやめたほうがいい。知ってもらいたいと思うと自分語りになってしまいがちですが、自己紹介なんて絶対にアテになりません。Twitter のプロフィールなんかもだけど、オタク趣味的なことは隠しますよね。「一般的にこういう趣味は引かれるかな」などと思って。自分ではなんとなく分かっていても、パーソナリティって分かりづらいですよね。自称する人は絶対に本当はそういうキャラクターじゃないと思うんです。何者かはこちらが判断するので、わざわざ言わなくていいよ、っていうこと。

あと、**人って会話をしている中で人のことを好きになるんですね。**お互いが言いたいことを言ってるだけの会話じゃダメ。自己紹介の押し付け合いであって、コミュニケーションにはなってないんです。つまり、相手のことを何も引き出せない不毛な会話ってわけ。

会話が続かなくなったらどうしよう、沈黙が怖い。だからとにかく沈黙を避けるために自分のことを喋りまくるっていう人もいますが、そんなのなんの意味もないんですね。会話ってそんなに続くものじゃない。話に詰まるのは当たり前のこと。

で、そんなふうに困ったときはどうすればいいのか。目の前にいる人に興味を持つことが基本です。相手をよく観察し、それまでの話にちゃんと耳を傾けていれば自然と話は盛り上がってくるはず。自分のことは相手に引き出してもらうために身を託すだけでいいんですよ。余計な自己アピールは印象を悪くするだけです。

47

人を傷つけるのが楽しい人たち

「人を傷つけてしまうことがある。でも申し訳ないな、という感情があまり湧いてこない」という人がいます。

悪口が娯楽になってしまっているというのがどこかにあるんですね。人は自分と同じ価値を他人に与えようとします。自分が価値なき者だと思っていれば、他人も価値なき者にしたてあげようとして、その人の悪いところばかりに目がいくようになるんですね。

つまり、周りの人が幸せそうに見えると、不安になるからその人を不幸者に格下げしたくなるわけです。

例えば、自分がすごくお金持ちで何不自由ない生活をしていたら、悪口は娯楽になるのかなあ、って思うんです。絶対にそんなことしないと思うので、結局自分に何かが足りていないから、悪口が娯楽になってしまう。だったら悪口なんか言ってないで、自分を幸せにする努力をすればいいんじゃないかな、と思うんですけどね。そういう人たちって幸せとは誰かが与えてくれるものだと思っているフシがあるんですよね。誰かが幸せを与えてくれたら、ラッキーだし、楽です。でもそんなことしてくれる人はいません。

自分を幸せにする努力って言っても何をすればいいか分からない人もいるかと思いますが、まずは**自分の好きなことをしてみてください。**なぜだかみんな自分の好きなことをするのに抵抗を感じている人が多いんですよね。誰の目も声も気にすることなく、好きなことをやればいいのに。なんでわざわざやりたくもないことをやろうとするのかが分かりません。自分が好きなことをするのに抵抗を覚える必要はないんですよ。

人の悪口を言ったり、足を引っ張っている暇があったら、まずは自分の好きなことは何かを確認して、そこに没頭してみたらどうですか？

48

悪口陰口を言っている人を悪口陰口で攻撃するのも同じ穴のムジナ

あらゆるSNSから誹謗中傷というものがなくなることはないでしょうね。彼らは間違っていることをしているという自覚がないからです。

例えば、未成年が凶悪犯罪を犯してしまったときは、決まってその犯人の個人情報が流出します。犯人のアカウントには罵詈雑言のリプライが殺到、場合によっては犯人の親兄弟・友人にまでその被害は及びます。彼らは自分のことを「犯人によってムカつかせられた被害者」と思っているからです。自分は被害者だという大義名分を振りかざしてやりたい放題。自分が加害者になっているとも気がつかずに、です。

陰口悪口も、この例と一緒です。スケールが小さくなっただけで、本質は同じ。

大切なことは悪口陰口を言っている人を悪口陰口で攻撃するのも同じ穴のムジナだということ。陰口悪口の連鎖を続ける必要はないんです。いじめと一緒ですね。

でも、「陰口を言われて悔しい！」「悪口を言われたことに対してどうにか制裁を加えたい！」というときはあるでしょう。そんな場合は、悪口を言っている人のことを陰で褒めまくるんです。これが一番の仕返しになります。自分が悪口を言っていた人が実は自分のことを褒めていたと知ると、とても恥ずかしい気分になります。それでも嫌ってくる人はいるでしょうが、攻撃性はグッと下がります。

ただ、注意点がひとつありまして。それは褒め言葉が嫌みにならないこと。**ぐうの音も出ないほどの褒め言葉を心がけることですね。**嫌みや悪口は誰にでも言えますが、その人をよく観察しなければなりません。陰で悪口を言っていた相手が実は自分のことをよく見ていてくれたなんて人間力の差を見せつけられた気分になり、恥ずかしくなること間違いありません。

また、方法によっては誰かの陰口を言っている友達をなだめることもできます。**陰口を言うのは周りの自分への評価に不満を持っている場合があります。**自分が思っているよりも周りの自分への評価が低いってことです。彼らが本当に言いたいのは自己アピールであって、陰口ではないんです。

「あいつはこんなにダメなんだ！」

と言いたいわけではなく、

「私はこんなにすごいんだぞ！」

と言いたいわけです。

他人を比較対象とした巧妙な自慢話みたいなものです。だから、陰口というのは自慢話と同じような嫌悪感があるものなんですね。

ですので誰かの陰口を言っている友人がいたら、

「分かった分かったｗｗ　あんたがすごいのはよく分かったから」

そんなふうに優しくなだめてあげてください。顔を真っ赤にして黙るはずです。自分が何をしていたのかに気付いて、ね。

悪口陰口なんてその人のことをよく知らないから言えるもの。
知ってしまったら悪口陰口を言えなくなってしまうから知ろうとしない。
無知だから言えるのが悪口陰口。

その人の身の上、生い立ち、生活環境、どんなふうに人格形成され今に至るのか、どんな過去がありどんな傷を負いどんなことを思い何を諦め何を躊躇い何を大切にして何を守っているのか、それらを知れば悪口陰口ではなく「助言」になるはず。
だから人に興味を抱ける人は皆優しいんです(モテます)。

49

間違ったスルースキル、正しいスルースキル

できているようでできていないのがスルーなんです。

「周りに呼びかけて複数で無視しようとする集団スルー」

これはイジメになってしまうのでダメです。

「情報ではなくその人の存在そのものを無視しようとする存在スルー」

人権無視になってしまうのでダメです。

「我慢できずに反論して後になってから『暇だから遊んでやった』とか言い出す偽スルー」

ダサいのでやめてください。

「その場ではスルーするが違う場所で愚痴を垂れる陰口スルー」

陰口は敗北宣言なのでやめたほうがいいです。

「一言文句を言ってその場を去る逃げスルー」

聞く耳がないのに言っちゃダメです。

「何を言っても『はぁ？』で返すバカスルー」

女子に多いですね。プルプル震えているのが分かるのでダサいです。

「スルーはするけどあからさまに物に当たる暴れスルー」

涙目がダサいのでやめてください。

「後でSNSに書き込んで毒アカウントと化す現実逃避スルー」

自分が情けなくなるだけなのでオススメできません。


スルースキルとは自分にとって必要な情報だけに集中することです。

ですから、「今の自分に必要な情報とは何なのか」を自分が理解しているかどうかが課題ですね。

しっかりと理解できていると、どうでもいい情報なんて「ワンワン！」くらいにしか聞こえませんからね。

50

友達を敵視してしまう人の取扱説明書

「友達に負けたくない、何とかして出し抜きたい」

そういう感情を抱く場合もたびたびあると思います。その欲求のままに突き進んで、仲間内で一番になったとしましょう。

あら不思議。あれほど勝つことにこだわっていたのに、まったく勝った気がしないんですよね。

仲間内ではトップのはずなのに、まったく勝利者の気分にはなれないんですよね。他に敵はいなくなったのに、焦燥感は消えてくれない。それは結局誰と戦っていたのかと言えば、弱い自分と戦っていただけなんですね。周りを敵視してしまう弱い自分を友達に投影して、周りから敵視されているような焦燥感を覚えてそれに怯えて戦っていただけ。

友達ってずっと勝ったり負けたりの繰り返しなんですよね。自分が勝ってるときは、向こうが必死にがんばってくるし、その繰り返し。分かりやすく見下すと、向こうに火がつきます。見下さないように……と気を使うと余計に傷つけるので、いっそ思いっきり見下してしまえばいいんです。自分が下の立場だと本当にムカつくんですけど、ムカついても別に嫌いっていうわけじゃないんですよね。好き嫌いは関係ありません。それで友達としての関係が終わるとは限らない。

見下したり、敵視しなくても、いいライバル関係を作ればいいんです。そのためには

・**遠慮しない**
・**同情しない**
・**情けはかけない**

この三つです。

それを認め合えた仲って絶対に壊れないんですよね。向こうが敵意をむき出しにしてきても壊れない友情はずっと続きます。

51

不幸を信じるなら幸せも信じればいいんです

よく「人を信じられない」と嘆く人がいますが、それは「人の悪口しか信じていない」ということなんです。自分に対するポジティブな反応は疑うくせに、ネガティブな反応は鵜呑みにする。で、結局自分に対するネガティブなイメージしか残らず自信を喪失してしまうんです。

特に女性は幸せは信じませんが、不幸はすぐ信じるんです。幸せになったらなったで幸せを使い果たしてしまったんじゃないかと不安になる。ネガティブでいたほうが楽なんですよね。どうせ私なんか、って思っていれば、傷つくこともないですし、不幸に慣れちゃえば怖いものなし。これじゃあ、いつまで経っても変わることはできません。幸せになれません。

でも、どんなにがんばってもポジティブなことを信じられないかもしれません。これまで信じないようにして生きてきたんですからね。

だったら信じなくてもいいんです。とにかく現実だけを見ればいいんです。話している相手の腹の中まで探ろうとすると、キリがありません。

「相手は楽しそうに喋ってくれているけど、本当はつまらないかもしれない」

「親身になって相談にのってくれているように見えるけど、本当は早くこの話終わんねーかな、って思ってるかもしれない」

他人が本当は何を考えているかなんて分かりませんよ。探ろうとするだけ無駄です。

だから、**目の前にいる人の反応をそのまま受け入れるんです。**楽しそうにしていれば今は楽しいんだな、と思えばいいし、悲しそうにしていれば一緒に話を聞いてあげればいい。

見たまま、聞いたままを信じるしかないんです。何も信じられない、というなら、自分の悪口さえも信じないようにしましょう。

52

信じる＝自分の期待を押し付けることではない

女性にありがちな「私たち友達だよね！」という友情の押し売りってなんだか宗教みたいじゃないですか？　友達が先に結婚しちゃった！　裏切られた！　っていう人に多いタイプなんですけど。

そもそも、友達が先に結婚したことのどのあたりが裏切りなんでしょうか。一緒に不幸になってくれなきゃイヤだってことですかね？

要するに、自分としては、先に結婚してほしくなかった。自分が結婚するまでは独身でいてほしかった。それが私の望んでいる友情！　私の期待する友情を献上してくれなきゃ友達やめる！　っていうことなんですよね。

そんなふうに、友情というものを納税しないといられないようなコミュニティ、窮屈ですよね。友情とは決して言えません。

長い付き合いになればなるほど、一度や二度のすれ違いはあります。知らず知らずのうちに自分も友達を裏切っているかもしれません。

でも、そこで裏切られたと吹聴して回るのが友情でしょうか。本当に友達なら、いつもと違う様子の友達を心配するものではないでしょうか。

そういういくつもの積み重ねがあってお互いがお互いにとって『嘘をつきたくない人』になっていくものじゃないでしょうか。

そもそも、**裏切られた！　とか言うときって自分が何かうまくいってないとき**なんですよね。こういう人は絶対にひとりになれない。誰かと群れていないと気が済まないんですよ。

一度ひとりになってみるのもいいかもしれません。群れる必要がないこと、ひとりがなんと自由なのかということが分かるはずです。そうすれば、友情という名の鎖で人を縛ることもなくなります。

53

いじられる側から見た いじりが上手な人とヘタクソな人の違い

自虐ネタをよくする人というのは他人を傷つけて笑いをとることに抵抗がある人なんですよね。だから身代わりとして自分を傷つけて笑いをとろうとしているんです。優しい人がよくやる行為なんです。人をいじって笑いをとろうとする人とは正反対なタイプですので、必然的にいじられる側になってしまうことが多いんです。ただ、**自虐して笑わせることは好きだけど、他人にいじられて笑われるのはあまり好きではないんですよね。**

そんな人から見て、いじるのが上手な人は、自虐ネタを引き出すための「前フリ」としていじり、笑いの花はいじられる側に持たせてあげられる人です。

一方、下手なのは承認欲求丸出しマン。高圧的ないじりでその人をただの「笑い者」にしてしまいます。笑いが生じたところで「自分はおもしろいんだ！」と勘違いしてしまったりするんです。他人のふんどしで相撲をとっているだけなのにね。一般的に、「いじる側が上」という印象を受けますよね。いじり癖がある人は、この「上」という立場に立ちたい欲求があるんです。そういう欲求は「自分が抱える劣等感」から生じます。自信がないから、人の価値を下げるようないじりをして自分の価値を高めたいわけです。いじられる側が不快に感じるのは、この劣等感が元になっているいじり。バカにされていることよりも、そのいじりによってその人の価値が上がってしまうことが腹立たしいわけですね。自分がその人のための「道具」にされることが不快なわけです。まあ、承認欲求丸出しマンがいじってきたら、強気に「はあ!?」と言ってやるだけで大丈夫です。もともと気が小さいのがその人たちの特徴ですから。

ただ、いじられる人もずるいところがあって、人気を出すためにいじられるようにしていたのに、少し人気が出ると、いじられることをイヤがる場合があるんですよね。そういうときはもう二度といじりませんけど。

54

いじられキャラを演じるのは寒いので そろそろやめましょうか

いじりいじられの概念ってもういらないと思うんです。もうやめません？

いじられキャラをやっている人って「みんなが喜んでくれるから」とか、「私が盛り上げ役だから！」って思っているみたいなんですけど、それは思い上がりですよね。正直、無理やり作ったキャラなんてちっともおもしろくないんです。いじられキャラを演じている本人は自分がお笑い芸人だと思っていても、見ている側は寒いだけです。ちなみに、いじられキャラを喜んでいじる人も同様に寒い人です。

おもしろくなくても、話ができる人はできる。お笑いが神格化されすぎて、笑いがなければおもしろくないという風潮がすごく窮屈なんですよね。

何が一番おもしろいって、今自分の目の前にいる人を知ることができるのがおもしろいんですよ。いじられキャラを演じるっていうのは自分を偽っていること。そんなのおもしろくない。どんな人であろうとその人の素が一番おもしろいんです。世界に二人といない『その人らしさ』なんですから。そもそも、こっちが素で接しているのにキャラで対応するのってものすごく失礼ですしね。

笑いがなくてもいい。

盛り上がらなくてもいい。

なんなら湿っぽくったって全然かまわない。

素で話をしてみましょう。目の前にいる相手のことが知りたい、自分のことをもっと知ってほしい。

そうやってお互いに理解し合うこと以上に楽しいことなんてありません。

ちゃんと**目の前にいる人の目を見て話をしようぜ。**

55

無差別に人を嫌う人の取扱説明書

通り魔的に人を嫌うのは臆病な証です。

『人を嫌う』という行為は一種の自己防衛。自分を傷つけないために「嫌う」んですね。人は好きな人から嫌われるのが最も傷つきます。嫌いな人から嫌われても、「ふーん、それで？」で話は片付きますからね。ですので人から嫌われることを恐れている人ほど、先手先手で人を嫌って自分のハートを守っているわけです。

人を好きになることは勇気と覚悟が必要ということですね。

人間には相性というものがありますから、特定の環境内で相性の良し悪しが発生するのは当然のことです。ただ、相性が悪いからと言って、その人の人格を否定する物差しにはなりません。相性の良し悪しを補う付き合い方はありますが、人格を否定した人との付き合い方はありませんからね。

それでもまあ、人に嫌われたら嫌ですよね。意味が分からず嫌われたりすると、どうしていいか分からなくなります。

何も思い当たるフシはない、でもなんか無視される。

一番困るパターンですね。きっと何か誤解をされているんだろうけど、「じゃあもう結構」ってシャッターを下ろしちゃうのが一番だったりします。

無視するっていうことも相当なエネルギーを使います。放っておくのが結構な仕返しになる可能性は大いにありえます。無視されたことを悲しんだり、怒ったりしても、相手は何とも思いません。ますます過剰に嫌うだけでしょう。自分に何もいいことはないのに、嫌ってくる相手を喜ばせる必要はないと思いませんか？　**なんか自分を嫌っている人がいるなあ、と気がついても、何も気がつかないフリをして放置しておくのが一番です。**

56

嫌いという有害な感情、無関心という無害な感情

人を嫌うのはよくないことだ、と考える人もいますが、好き嫌いはただの相性の良し悪し、善悪は全く別のものです。

好きだからといってその人が「善」というわけではありません。嫌いだからといってその人が「悪」というわけでもありません。

だから、嫌いだからと言って、罪悪感を覚える必要もないのです。

その人の人格を否定しない代わりに、嫌っている自分の人格を否定するのも、根本的には変わっていません。

そもそも、「みんなと仲良くしましょう」という幼いころからの教え自体が無茶な注文なんです。**ひとつの環境に複数の人が集まれば、相性の良し悪しが生じるのは当**

然です。しかし、この教えによって「みんなと仲良くできない人は悪だ！」という価値観を植え付けられてしまっています。そして、「みんなと同じ価値観を共有しなければならない」と思い込むと、価値観が合わせられない人の人格を否定してしまう、もしくは合わせられない自分の人格を否定してしまいます。

価値観が合わない、相性がよくないというだけで人格を否定してしまうと、自分とは価値観の違う人の人格を無視した無差別な攻撃に発展してしまうわけですね。

別にみんなと仲良くしなければならないということはありません。相性の良し悪しを肯定しなければ価値観の違いは尊重し合えません。それを認めてこそ、相性の悪い人との関係は「嫌い」という有害な関係ではなく「無関心」という無害な関係になれるんです。無関心は無敵ですよ。

57

ネガティブな人の相談事は解決したいわけではなく聞いてほしいだけ

女性はとても繊細な生き物なんですね。ホルモンバランスが崩れると、イライラしたり落ち込んだり、怒りっぽくなってしまったり、やる気がなくなってしまったりとさまざまなネガティブな症状が現れます。女性はネガティブにできていると言っても過言ではありません。

ネガティブな人から相談を受けたら、とりあえず聞いてあげたらいいと思います。

ネガティブになってしまった人にとって相談事とは唯一のコミュニケーション材料になりますから。だから、相談の解決策にはあまり興味がないんですよ。それが解決してしまったらコミュニケーションの材料がなくなってしまいますから。相手が「話を聞いてほしい」というのが理解できればいいのだと思います。

とはいえ、どうでもいい人の話を聞いているほど暇じゃないですよね。ネガティブな人からの相談事は愛してほしいというサインです。「愛してほしい」と素直に言えない故の相談事というわけです。解決策を差し出すとかえって突き放された気がしてますますネガティブに拍車がかかってしまいます。そのときはまずは同調と共感をしてあげてから、アドバイスをしてあげたらいいと思います。同調と共感を差し出してあげないと、ネガティブになってしまった人は怒りますから。同調・共感ののちでないと話も聞いてくれようとしません。

あと、こういう人ってあんまり仲良くなりすぎると依存してくるので距離感が重要です。必要以上に近づきすぎないことが、自分の負担を少なくする方法です。

58

話しかけやすい人と話しかけにくい人との違い

人に近づいてもらうためには表情から得られる情報が分かりやすいことが大事です。

まず話しかけやすい人のご機嫌は視覚情報から手に取るように分かります。こちらが喜や楽を感じ取ったときは「何かいいことあったの？」と気軽に話しかけることができますし、マイナスの感情である怒や哀だって「どうしたの？」と話しかけることができます。表情から得られる情報が多い、というのはすなわち、その人がどんな精神状態なのかが分かりやすい人だということです。

一方、話しかけにくい人はどうでしょうか。表情がなく、視覚情報からはなにも得られません。よって、なんと話しかけていいのかさっぱり分かりません。慎重に話しかけたら実はとても機嫌がよかったり。それならいいのですが、陽気に話しかけたら実は機嫌が悪い、だともう最悪です。話しかけること自体がギャンブルになってしまいます。そんな危険を冒してわざわざ話しかけたいと思うでしょうか。

話しかけられやすい人になるのは簡単です。

楽しいときには楽しい顔をして、悲しいときには悲しい顔をする。表情がないと言われている人は、意識的に顔を作るようにすればいいのです。鏡の前で笑顔の練習でもすればいいんです。

逆に誰にも話しかけてほしくないときは表情を一切変えなければいいのです。視覚情報を与えないだけで、人は簡単に遠のいていきますよ。

話しかけにくい人（人見知り）

［真 顔］

［笑 顔］

［怒っている顔］

［悲しい顔］

話しかけやすい人（社交的）

［真　顔］

［笑　顔］

［怒っている顔］

［悲しい顔］

59

ツンデレな母親

母親ってすごく子どものことを心配するんですよね。帰りが遅くなれば怒ったりもします。「親の気持ちも知らないで」とか「じゃあ全部自分でしなさい！　お母さんはもう何もやってあげないんだから！」とか。時には「お前は一生私がいなきゃダメなんだ」と言われているような気分になるかもしれません。

でもまあ、娘の帰りが遅ければ親として心配になるのは当然です。母親っていうのはある程度、娘に干渉したがるものです。それを煙たいとかウザイとか言ってはいけません。

ただ母親側も言い方に問題があったりもするんですよね。本来は素直に、
「心配したんやでぇ～、はよ帰ってきてくれんとお母ちゃん泣いてまうでぇ～」
と表現すればいいんです。そうすると愛情が伝わり、「しょうがないから明日は早

く帰ってやるか」となるものなんです。で、次の日早く帰ってきたら「お母ちゃん嬉しいわぁ～、ありがとうな～」と素直に感謝すればいいんですよ。これが子どもを「愛情でコントロールする」ということなんですけど、照れくさいのか、お母さんって素直になれないんですよね。素直に愛情を表現できない、いわゆる「ツンデレ」が多いわけです。愛情を隠すために怒ってみたり、拗ねてみたりしてしまうんです。

ツンデレって病気なんですよね。かわいく聞こえるけど、ほぼ暴力ですし。自覚がある人だったら直るけど、ほとんどの人が自覚なしにやっています。**ほぼ自覚のないツンデレに接するのはめんどくさい。本当なら一番近寄っちゃいけないタイプ**なんです。近づかなければならなかったら、覚悟しなさい、としか言いようがありません。素直になれないツンデレは一番めんどくさいから、関わらないほうがいいんですけど、母親だったらなんとかしなきゃいけません。諦めるしかない。

ツンデレじゃあなかなか愛情は伝わりませんし、子どもにとってそれはただの束縛になってしまうわけです。

ヘタクソですが、子どもを愛しているがゆえの表現方法だと思ってください。子どもがいなければダメになってしまうのが親というもの。どんなに子が親を思っていても、親が子を思う気持ちには勝てないものです。そういうものなんだと思って受け入れてあげるのも、親への愛情表現のひとつの手段かもしれませんよ。

今は分からないかもしれません。しかし、将来親の立場になったとき、後悔しないような今を心がけてくださいね。

親は子どもが元気で生きていてくれたらそれで結構と思うもの。
だからといって
実家にも帰らず、何も顧みず、ひとりで悠々と生きていくことは
結局は親の愛情に甘えているだけ。

「親孝行なんていらないよ」という
親の愛情に甘えずに自らの意思で「親孝行がしたい」と
思う気持ちこそが本当の自立。
心から親に感謝ができてはじめてそれが自立。

60

母親がモンスターになるとき

母親と娘の関係って特異なものでして。

息子は自分と違う性別ということもあり、自分とは異なる「独立した存在」として認識しています。しかし、娘の場合は同性ということもあり、「独立した存在」というよりも「自分の延長」として捉えてしまうことがあります。これは、母親個人が自己愛が強い傾向がある場合にみられます。そのため、息子より娘に厳しくなっちゃうんですよ。

自分と娘との境界線があいまいになってしまうので、テレビのリモコンに手を伸ばすような感覚で娘をコントロールしようとします。思い通りになって当然の存在であり、思い通りにならないことが異常な存在になってしまうのです。ですので、思い通りに動いてくれないと分かると、自分の体の一部が不自由になったような感覚に陥ります。パニックになり、あらゆる手段を使って娘を支配しようとするわけです。だから過干渉か無視かの両極端なコミュニケーションしかとれなくなってしまうんです。

そんなふうに育てられると自分の感情をうまく表現できなかったり、常に母親の顔色をうかがうようになってしまったり、幸せになることさえも恐怖心を感じるようになってしまうんです。母親が娘を自立させないようにする場合もあります。もう母性の暴走ですね。自立していない母親にこういう傾向がみられるんですが、その場合は娘が大人になるしかありません。早く自立しなきゃいけない、っていうのもそれはそれで娘はかわいそうだけど。女の人も大人として自立しないうちは子どもを作っちゃダメですね。

親として子どもに教えなければならないことは、自分がいなくなってもちゃんと生きていけるようにする方法です。

親は子どもの杖です。ひとりで歩けないときは杖になってやるのが親です。

そして子どももいつか自立して、自分自身の足で歩いていくのです。いつか自分の子どもの杖になるために。

61

最大の親孝行とは

病気の親に何もしてあげられない。

これまで育ててくれた親に何ができるのか。

年を重ねればそう考えることも多いでしょう。しかし、「何もしてあげられない」というのは間違いです。親にとって一番嬉しいのは「子どもが生まれてきてくれたこと」なんですね。ですから、**何があっても生きていくことが最大の親孝行**なんです。

家族との付き合い方って人間関係の中で一番難しいものなんですよね。家族それぞれ、自分の家族のことしか分からないから、誰かに相談しても答えが出ないんです。家族についての悩みの中で特に多いのはお母さんと娘の関係。母親にとって、娘の存在って特別なんですよね。自分が叶えられなかった夢とかを託しちゃって、娘に叶えてもらうどころか残念な結果になっちゃうことが多いんです。娘が二十歳になるぐらいのときにはお母さんは更年期で精神的にも不安定になりがち。あまりベタベタした仲のいい親子よりはちょっと距離をとっているほうが健全ですよね。最後はどうせいい思い出になっちゃうんだから、それでいい。

そして、母親に対して、軽く扱われがちなのが父親。娘にとって母親のほうが距離が近いし話しやすいんですよね。でも娘のことを一番好きなのはお父さん。一番好きなのに嫌われるんですよ。かわいそうですね。でも父親は嫌われたからといってめげることはありません。嫌われても娘のことは大好きですから。それに、お父さんが嫌いっていう娘は今はそれでいいと思いますよ。お父さんを嫌うっていうのは近い遺伝子を嫌うということで、なくてはならない成長の過程みたいなものですから。

一方、息子は高校生ぐらいまで成長するとあとは勝手に育つんですよね。自分の考えた通りに動いてお金がなくなると戻ってくる、という感じです。

娘と母親よりも、息子と母親の関係はずっと良好です。お母さんはだいたい息子が大好きですからね。でも息子はほうっておいてほしい、という感じになってきちゃいます。息子大好き、かわいい、っていうけど、じゃあ娘は？　かわいくないの？　そんなふうに思うかもしれませんが、お母さんにとって娘もかわいいのはかわいいんです。でも、こうしてほしい、ああしてほしい、の欲が出てきてしまいがちなのが娘。息子はどちらかというと、孫のようにかわいい、っていう感じですかね。

もうひとつ。更年期に差しかかる時期というのは子どもが自立する時期とかぶったりします。親としては、子どもが自立するのは嬉しいけれど、同時に寂しさもあるものだと思います。

親はいつまでも親でいたいもの。必要としてあげなきゃ誰だって鬱屈としてしまうものです。たまには子どものほうから相談してみるのもいいと思いますよ。子どもに必要とされた親は例外なく強くなるものですから。

どんな子どもであっても、親にとっては宝物です。頼りにしてもらうことで親だという実感、目の前にいるのが自分の子どもだと実感できるでしょう。これから先の人生、辛いことはたくさんあると思います。しかし、それでも生きていく強さを持ってください。それが一番の親孝行ですよ。**あなたは勝手に生まれてきたのではない、両親がいたからこの世に存在するのだということを忘れずに。**

62

学生のコミュニケーション能力と社会人のコミュニケーション能力

学生と社会人とでは、ヨシとされるコミュニケーション能力が当然違います。

学生のときって「ウェーイｗｗｗ」みたいなノリのよさが重視されたりするんですよね。それっていかにして気を使わない関係になるか、いかにして馴れ合いの関係になるかってことなんです。そういう馴れ合いの集団を形成しているほうが序列でいったら「上」だったりします。

まさに「バカになったもん勝ち」なんですね。

そういう礼儀を欠いたノリの良さが「学生のコミュニケーション能力」というわけです。

一方、社会でのコミュニケーション能力は周りに気を配ることができるか、っていうことになんです。そして、最も大事なのが礼儀。いかにして気を配ることができるか、いかにして相手を尊重することができるのかが肝になります。学生時代の「礼儀を欠いた馴れ合いのコミュニケーション」は一切通じません。要するに、「ウェーイwww」ってやってた人たちは社会に出てから苦労するってことです。

軽いノリが苦手っていう人もいますが、それは礼儀がないのが苦手なんですよね。距離感ゼロで馴れ合うような真似は自分が持っている礼儀が許さないんです。礼儀があるゆえ、軽いノリが苦手なんです。仲間、マブダチ、とかじゃなく、**「他人」であるぐらいが社会人の距離感としてはちょうどいいんですよ。**

63

クレーマー上司との付き合い方

上司が怒るときに、

「悪気があって言っているんじゃない。あなたのためを思って怒っているんだ」

……という人がいますが、これは全くの嘘です。実際かわいがられている部下ほどキツイ言葉はかけられませんし、怒られません。かわいがられている部下はミスをしても怒られず、ちゃんと教えてもらえます。

「あなたのため」という免罪符をかざして自分のストレスを発散しているだけです。体のいい言い訳みたいなものですね。そういう人は、仕事のできるできないではなく、自分にとって都合のいい人悪い人という目で見ています。自分に都合よく動いてくれる人でなければ気にいらないわけです。徹頭徹尾、自分本位なんです。

こういう上司は上司としてお付き合いしようとしても神経が磨り減るだけです。上司というより悪質なクレーマーとして対応したほうがいいでしょう。社会人にとって最も大事な「礼儀作法」というものを身につけるための絶好の機会だと思ってください。

ただ、上司も人間。上司だからこうあるべきだと理想を押し付けるのもかわいそうだな、とは思いますけどね。

怒ることほど非生産的なものはないし、怒っているほうも疲れるし、怒られてる人も傷つく。だからといって怒ってることが全部伝わっているかというとそうでもない。あまりいいことはないんですね。怒る必要も叱る必要もない、結果に責任を持ってもらえればそれでいい話です。それが一番厳しいやり方なんですけども。結果が出なかったら、ご苦労様、で終わるので、怒るよりも効果があるんじゃないかなあ、と思いますけどね。

日本って人間関係至上主義なんですよね。仕事より人間関係の悩みのほうが大きいんです。仕事で悩んでるならいいけど、人間関係で悩むってもったいないと思いませんか？　本当に人間関係が邪魔でしかない。犠牲者になる若い子がかわいそうだなって思います。

お局様にいじめられている子もたくさんいると思いますが、いじめられているときは我慢するしかないんですよね。だって勝てませんから。媚びを売っていい気分にさせてあげるしかないんです。

そうそう、媚びるのは嫌だ、とか言う人もいますけど媚びって重要なスキルだと思うんですよね。なんだかんだ、**媚びてくる人ってかわいいし、面倒も見てあげたくなります。**忠誠心がすごく強い人っていうんですかね。かわいいと思われたら勝ち。大人なんてバカなんだから、ちょっと媚びてあげればいいんだって。

尊敬する上司には上手に使われろ無能な上司は上手に使え

損得勘定抜きでお付き合いするのは一部の人だけでいいです。無能だと思う人とは徹頭徹尾、損得勘定で付き合ってうまく利用すること。利用して踏み台にしてのしあがっていけばいいだけのことです。

64

飲みの席でのセクハラのかわし方

飲み会でのオレ遊んできた発言やセクハラ。女性側としては本当にイヤなんですよね。仕方がないから、愛想笑いして頷いておくけど、それをまた勘違いして調子に乗って聞きたくないことを散々聞かされるハメになります。

ここで一番いいのはふたつ。

・自分の情報は発信しないこと
・相手の冗談を引き出すこと

褒め倒していれば、勝手に情報を発信してくれます。いい気分で踊らせてあげればそのうち調子をぶっこいてボロを出してくれます。そこをチクリとツッ込んでやりましょう。これでイジられ役はその人になります。その隙にそっと席を離れて終了です。

普段つまらない生活をしている人ほど、飲みの席では下ネタや過去の栄光に走りがちです。盛り上がる話題がそれしかないんですよ。盛り上がりたいだけですので、その場にいる誰かをいけにえにすればいいだけです。おだてて飲まして潰しちゃうのがいい。**セクハラ上司は弄べばいい**んです。そういうスキルは女性のほうが上ですから、手のひらで転がしてやりましょう。

そろそろなくなってもいいかなあ、と思っているんですけど、未だに飲みの文化っていうのは残っています。会社規模の付き合い、飲み会の文化がだんだん衰退していけば、男が会社の付き合いと嘘をついて遊び歩くこともなくなる。余談ですけど、男がいう会社の付き合いはほぼ嘘ですからね。ただ遊びたいだけなので、「会社で飲み会があってさ」なんていうときはだいたいダミーです。スルーするのもいいですが、ちょっとツッ込んだだけでもボロを出すはずです。

65

一生懸命になったバカが最もタチの悪い人種

部下が、同僚が、仕事ができない。ダメだと思う点を注意しても直らないことにイライラしている人は多いでしょう。

人のウィークポイントなんてバカでも分かります。

そこを突っついて自尊心を奪うことも馬鹿でもできます。

感情的に恫喝して人間性を否定することも、馬鹿でもできます。

バカでもできることを一生懸命やらないように。一生懸命になったバカが最もたちの悪い人種ですからね。人を育てようというときに、そんなバカなことを一生懸命やってどうなるというのでしょうか。

では、人を育てるときに最も注目しなければならないところはどこか。それはセールスポイント、チャームポイント、ストロングポイントです。そこを見抜いてあげるのが先見の明っていうやつですね。これらのポイントを発見するには観察力やコミュニケーション能力が必要です。その人は何を見てほしいのか、何を聞いてほしいのか、それをまず理解してあげることが必要です。

ウィークポイントを伸ばすのは難しいことですが、**セールスポイントなど強みを伸ばすのは比較的たやすい**です。得意なものは伸びやすいですからね。ストロングポイントを伸ばすことによって、ウィークポイントを埋めてくれます。ウィークポイントに着手するのはそれからで大丈夫。まあ、誰だってウィークポイントから責められたらイヤになりますからね。まずはストロングポイントを褒めて、それからウィークポイントです。

あと、仕事の出来不出来と人格を結び付けないようにしましょう。仕事ができないからクズだと人格否定する人は、人の上に立てるタイプではありません。人心掌握もできないで、誰があなたの言うことを聞いてくれるというのでしょうか。

第4章

どうせ人は人の中で生きていくんです

［付き合う人の選び方］

66

損得勘定抜きで付き合う人はちゃんと選ぶように

損得勘定抜きの人間関係って、自分の好きな人、信頼している人と築くものだと思うんです。どうでもいい人とは徹頭徹尾、損得勘定だけで付き合うべきです。

悪口に反応して悩んだりする人って、基本的に優しい人だと思うんですね。

反論することも、言い合うことも、別に自分にはなんの得もないじゃないですか。得もないのに悪口を言うような相手を正してさしあげようなんて「菩薩様かよ！」と思うほど、慈愛に満ちているなあ、と思うんです。まあ、悪口言ってくるほうもそうなると菩薩様ですけどね。嫌いな人にケンカをふっかけたり、悪口を言ったりしても何も得しませんからね。損得勘定度外視です。嫌いなのに損得勘定がない付き合いをしてるってすごくないですか？

でもそんな菩薩様が点在するせいで気に病んでしまっている人もいるわけです。では悪口を言われたらどうすればいいか。

心の中で「どうぞそのままでいてください」と放っておくんです。どうでもいい人たちの悪口に耳を傾けたところで何の得もしないし、人生も変わりません。

それが損得勘定なんですよね。

悪口を言われるとこの世の終わりのように思う人がいますが、そんなことありません。嫌われたって昨日と同じ今日が続くだけなんです。実際に何か被害が生じたら、全力で潰せばいいこと。それまでは放っておきましょう。

自分からわざわざ落ちている石につまずきにいかなくていいんです。ただ避けて通っていればいいことなんですよ。

67

どんな友達が欲しいのか少し考えてみてください

友達は無理やり作るものではないんですよね。なんだったらいなくてもかまわないと思っているぐらいです。友達がいない、できないという悩みはよく聞きますが、友達を作る方法って誰も分からないんですよね。人それぞれ出会い方、関係の構築の仕方は違いますから。

それに友達って作らなきゃいけないものでもないですし、友達がいない人が何か問題があるとか性格が歪んでるとか、そういうことはありません。ひとりでいたかったらひとりでいたらいいんです。何も悪いことはありません。ひとりでいる時間を自由に、好きなように楽しめばいいんです。

友達から離れるタイミングも自由です。**友達に対して不満だというなら、離れればいいだけ**のこと。ひとりでぼっち充でもしていたらいいんです。友達は自分を満足させてくれるための召使いではありません。

学生の間は友達がいないと何かと辛いことがあるのは事実。でも、わたくしの経験談なんですが、中学のころからクラスにいつもひとりでいる女の子がいました。誰とつるむわけでもなく、ひとりの時間を満喫しているようにも見えました。あるとき、思い切って聞いてみたんです。どうしてひとりでいるのか。彼女の答えは明快で「同世代の子は子どもっぽくて話が合わない」と。そうなんですよね、無理をして話を合わせる必要はない。話が合う子がいないなら、ひとりでいればいい。

どんな友達が欲しいのか、少し考えてみてください。箇条書きにして脳みそにインプットしてください。その「友達」に自分がなるんです。友情は求めるものではなく、与えるものですからね。

68

本当の友達の見分け方

もし、自分が不幸になったとき、多くの友達は同情してくれるでしょう。

でも、もし自分が幸せを掴んだとき、それを自分のことのように喜んでくれる友達はその数より少ないでしょう。

本当の友達というのは、不幸に同情してくれる友達ではなく、幸せを一緒に喜んでくれる友達です。

友達について見極めるとき、「この人が幸せを掴んだとき、自分は喜ぶことができるだろうか」という点にフォーカスしてみてください。喜べるというのなら、それは本当の友達です。

人というのはよくも悪くも友達によって変わるものです。人の悪いところばかり見えてしまうという人は、友達の悪い面に影響を受けてしまいがちです。人のよいところを見られる人というのは友達のよい面に影響を受けてよいほうへと変わっていきます。

友達は選べと言いますが、結局は自分次第なんですよね。人の悪いところばかりを見てしまう人は、どんな友達を選んだとしても結局は悪い影響しか受けないんです。悪いところがない、なんていう人はいませんしね。

自分が友達からどんな影響を受けているか振り返ってみましょう。それで今の自分の状態がどうなのか分かりますよね。

友達は自分を映す鏡と言っても過言ではないかもしれません。友達といて悪いところばかりが目についてしまう人は、一度自分の振る舞いや考え方について振り返ってみてはどうでしょうか。

69

友達はいなきゃいけないものではありません

友達というのは、自分らしく振る舞い、自分らしく生きていれば勝手についてくるものです。仲のいい友達ほど、いつ友達になったのか分からないほど気がついたら友達になっているものなんです。

女性にありがちなんですけど、友達がいなきゃいけない、と思っている人が多すぎるんですね。友達いなきゃいけない教に属している人たちのことですね。

友達ができないことへの不安から、自分らしさを捨てて、集団に属する。小さな集団の中で自分らしさと引き換えに得た友情に依存する。そして、周りの顔色をうかがいながら友情を確かめ合って生きているんです。

こういう信者たちがひとりでいる人のひとりの自由を許さずに『ひとりでいること

の自由』ではなく『孤立することへの不自由』を与えてしまいます。
別に友達の数で人間の価値が決まるわけではありません。属している集団でカースト が決まるわけでもありません。

ひとりになれない弱さのせいで、自分を曲げて集団に属す必要もありません。小さな集団の中で「私たち、友達だよね!」と何度も確認し合って薄い友情にすがりついている人よりも、ひとり悠々と読書している人のほうがよっぽど魅力的です。そういう魅力を持っている人のところには自然と人が集まってくるものだと思います。

本当の友達って確認しなくてもいいもの。相手が自分のことをどう思っているのかなんて、お互いどうでもいいと思っているんです。**友情って片想いですから。**お互いが過剰に気を使う必要もないですし、お互いが言いたいことを言えるわけです。それが友達特有の居心地のいい空間というものを形成しているんですよね。そこにあるのは「友達」という片想いが二つあるだけなんですよ。

70

友達として友達にできる最大限のこと

友達がマズイことをやっている、その行動は間違っているんじゃないか？　ということを連発している。そういうときは思わず一言言いたくなりますよね。「だって私、あの子の友達だから」と。でも、間違っていることを「間違ってるよ」と伝えても反発されるだけなんですよね。本人が自覚していながら直視できないところですからね。一種の自傷行為みたいなものですから、その自傷行為を否定することはタブーなんですよ。その自傷行為に至るまでの経緯、その気持ちを受け入れてあげることが鉄則です。

じゃあ、何もできないの？　と思うかもしれませんが、そんなことはありません。自傷行為自体を責めないこと、やめさせようとしないこと。やめるかどうかは本人の自主性にまかせること。その自主性を与えてあげるために、友達として何ができるのか、ということです。

人というのはそう簡単に変わりません。とてもとても時間がかかる問題だと思います。

中途半端な友情を振りかざして大切な友達を追い詰めないでください。

そして、友達として友達にできること。

それは友達であり続けること。これほど救いになるものはありません。友達でいられ続けるのなら、そっとそばに寄り添い続けてあげてください。

71

親友ってなんぞや？

恋人に捧げる愛情と、親友に捧げる友情は似ているものがあります。

「恋人とはなんぞや？」と問いかければ、同性だったとしたらきっといい親友になれるような人。

「親友とはなんぞや？」と問いかければ、異性だったとしたらきっといい恋人になれるような人でして。

自分にイヤなことがあっても我慢できるのに、恋人がイヤな思いをしていたら我慢できない。

自分に嬉しいことがあってもわりと嬉しさを控えめに抑えてしまうものですが、恋人に嬉しいことがあれば、本人よりも嬉しさを爆発させてしまう。

「大事な人」っていうのは、「自分よりも大事な人」なんですよね。

それは親友でも同じこと。親友の苦痛を親友以上に感じて怒る。喜びを親友以上に感じる。そういうものです。

一番辛いのは、自分のことで親友が疎まれてしまうこと、浮いた存在になってしまうことです。

自分のせいで親友が傷ついてしまうのがもっとも辛いことなんです。

それは自分が傷つくよりも辛いことなんです。

そう思えるのが親友なんです。

でも、その親友であるかどうか確かめるために、「自分のために傷ついてほしい」なんて思うこと自体、親友になれていない証拠です。

愛情も友情も求めるものではなく捧げるもの。自分の幸せそっちのけで「幸せになってほしい！」と思える人がいれば、きっとその人は自分の中では「親友」になっているはずです。

友達と悪友と親友の違い

その人がもし異性だとしたら
きっと付き合えないだろうと思うのが悪友

その人がもし異性だとしても
変わらず友達になれるだろうと思えるのが友達

その人がもし異性だとしたら
きっといい恋人になれるだろうと思える人が親友

女の人間関係はめんどうなのよ

［人付き合いの処方箋］

おわりに

小中高大、環境が変わるたびに、もしくはクラス替えがあるたびに、素っ裸で野に放たれるような不安に襲われていました。

仲のよい友達ができるだろうか、浮いた存在にならないだろうか、地味で目立たないグループに入って花も色もない学生生活にならないだろうか。

明るい学生生活になるか否か、その命運を分ける審判にかけられているかのような不安に襲われ、胃をキリキリと痛めていた記憶があります。

当時の私にとって〝独り〟というのは最も恥ずかしいことであり、それは裸でその場にいるような恥辱に等しいもの。誰よりも早く〝友達〟という名の衣服を身につけて安心したかったのだと思います。

嫌われないように、厚かましくならないように、それでいて消極的にならないように、細心の注意を払いその場の空気を読み、明るく社交的な自分を装って、ひとり、またひとりと友達を増やし〝クラスの人気者〟と呼ばれたこともありました。

クラスの皆が慕ってくれて、異性の中には恋心を抱いてくれる人もいて、自分が思い描いた通りの〝明るい学生生活〟を手に入れて、〝順風満帆毎日がハッピー〟になるはずだったのですが、実際は何も嬉しくなかった、だってそれ、私じゃないもの。

皆が慕ってくれているのは嘘の自分、異性が恋をしてくれているもの嘘の自分、偽った嘘の自分を認められただけで、本当の自分はもう随分と前からずっと自分の中で独りだったんです。

独りになりたくなくて自分を偽ったくせに、結局はその自分を孤独にさせてしまったのは自分自身だったんです。

本当の自分は皆に慕われるようないい子なんかじゃない、偏屈で、わがままで、頑固で、毒も吐けば好き嫌いもあるちょっと残念な子、それが本当の私。

そんな自分を嫌いになっていたこともありましたが、出来の悪い子ほどかわいいもので、結局はそんな自分が好きだったんですよね、偽りの自分なんか愛されても、自分なのに他人事でしかなかったんです。

あれだけ労力を注いで神経を使い、めんどくさい思いもたくさん我慢して、後に残ったのは徒花の友情だけ、それを自覚したときは鈍い私も流石にこう思いました。

〝こんなはずじゃなかった〟ってね。

嘘の自分で好かれるくらいなら、いっそ本当の自分で嫌われた方がマシ。

そう思えたときから〝独り〟というものが怖くなくなりました。そこからですね、大きく人間関係が変わったのは。

本当の自分に従い、余分な人間関係は捨てて〝いい子〟をやめてから、本当の大切にすべき人間関係というものができた気がします。

いくら人間関係を最適化しても、人間関係はめんどくさいものですが、それは心から大切にしたいという思いがあるから、好き好んで面倒な思いを捧げていることであり、胃をキリキリ痛めるようなストレスがない〝心地よい面倒〟になるんですよ。

みんなと仲良くしなくてもいい、みんなと仲良くなれなければ独りでもいい、そう思えたとき、人はやっと自分になることができ、他者の尊厳も尊重できるいい人間関係を作れるものではないでしょうか。

DJあおい

DJあおい（ディージェーアオイ）
謎の主婦。人間関係の悩みや恋愛相談に答えるブログ、独自のコミュニケーション観を綴るTwitterが人気で、ブログは月間600万PV、Twitterフォロワー数は22万人超。幅広い層から支持されているが、その素性はいまだ謎のまま。
ブログ　http://djaoi.blog.jp
Twitter　https://twitter.com/djaoi（メインアカウント）
https://twitter.com/DJ_aoi（サブアカウント）

女《おんな》の人間関係《にんげんかんけい》はめんどうなのよ　人付《ひとづ》き合《あ》いの処方箋《しょほうせん》

2018年３月24日　初版発行
2018年７月20日　３版発行

著者／ＤＪ《ディージェー》あおい

発行者／川金　正法

発行／株式会社KADOKAWA
〒102-8177　東京都千代田区富士見2-13-3
電話　0570-002-301（ナビダイヤル）

印刷所／大日本印刷株式会社

ISBN 978-4-04-601337-8　C0095